操盤手都在用的

籌碼K線

教你 選對飆股

年賺 **50%**

施孝承 Simon ── 著

Contents

Chapter *1* 籌碼　影響股價運作最重要的勢力　　14

介紹「籌碼如何影響股價」，且認識重要的籌碼資訊，同時介紹如何透過籌碼分析了解股票漲跌的關鍵。

Chapter *2* 十大策略　教你３秒選飆股　　28

介紹10個搭配籌碼資訊的選股策略，透過這些策略的篩選，可以更快速的找出適合作多或放空的股票。

透過選股策略選出來的股票，通常都只有在特定面向符合期待，還需要進行「主力籌碼分析」來做最後的判斷，這是提高交易勝算的重要步驟。

從5個案例分享中，了解如何運用「籌碼K線」於實際的交易活動。每一個案例，均會說明為何選擇這一檔股票進行交易、交易前如何評估、交易計畫為何、交易後又是如何追蹤、最後為何出場，以及心得分享。

前　言

　　要在股票市場中賺錢，最基本的前提就是要擁有部位，如果沒有部位，不論股價如何漲跌都與你無關。這個基本邏輯不會因為身分不同而有所差異，不管是大股東、內部人、外資、投信或小散戶都一樣，有部位才可能賺錢。

　　一般情況下，只有原始股東與其他少數情況可以不需透過交易就取得部位，其他絕大部分的投資人則一定要透過交易才能夠取得股票部位。所以要追蹤股市裡的一舉一動，最好的方法就是從這些交易紀錄著手，因為所有的交易行為都會被忠實的記錄下來。

　　主管機關將這些交易資料透過不同的形式公布出來，有的是根據持有人的身分別作區分、有的是根據持有張數的多寡作區分，或是根據個別證券公司來揭露交易明細……等方式。一般的籌碼分析就是從這些資訊中去評估籌碼的分布與流向。更進階的分析，甚至有機會掌握股票持有人的身分、持有張數、進出券商、買賣張數、買賣價格等資訊。

秘密藏在籌碼裡

　　籌碼資訊裡藏了許多有意義的重要情報，所以籌碼面的分析絕對有助於我們做出更正確的買賣判斷。股票市場中流傳著一句諺語「**新手看價、老手看量、高手看籌碼**」，這句話點出了籌碼的重要性，因為很多不為人知的秘密都能夠從籌碼資訊中找出端倪，畢竟籌碼的流動才是真正代表投資人的損益變動，相信沒有人會隨意的拿口袋中的錢來開玩笑，因此每一筆交易背後都代表著投資人精打細算後的結果。

　　近幾年「秘密藏在籌碼裡」這樣的印象已經深入每一個投資人的心中，大家對籌碼面的期待似乎已經到了著魔的地步，只要有家券商買超多一點，立刻就被貼上「主力」、「大戶」的標籤，同時也代表著這一檔股票就必須立刻上漲，如果此時股價不漲反跌，投資人馬上就會陷入「為什麼主力買，股價還是跌？」的疑問中。這種過度簡化的邏輯，嚴重誤導投資人對籌碼分析的認知。

　　籌碼分析是股票交易決策過程中不可欠缺的部分，但絕對不是唯一的判斷準則，籌碼分析仍有許多不足的地方，其中最嚴重的缺點就是大部分的情況下並不適合用來判斷交易時機。舉例來說，當某一檔股票出現「大戶買、散戶賣」的現象，這代表著這檔股票的籌碼變集中了。對我們來說這是相當有利的條件，因為籌碼越集中的股票就越容易被炒作，但是「越容易被炒作的股票」只能代表具備交易上的優勢，也就是交易的勝率會比較高，至於是不是真的有主力介入，或是主力何時會開始炒作，這就無法

從「大戶買、散戶賣」這樣的籌碼資訊中找出訊息。大部分的籌碼分析都只能分析判斷是否具備**「交易優勢」**，只有極少部分的籌碼分析會試圖挖掘「主力發動前的特有行為」，藉此來判斷「交易時機」。

　　簡單來說，**籌碼分析可以幫助我們選對方向、站對邊，提高交易勝算，但無法替我們分析出好的交易時機，也無法幫我們選出體質優良的好公司。**所以投資決策過程中，除了掌握「籌碼面」的分析技巧之外，還需要具備「技術面」與「基本面」的基本分析能力。技術面的分析技巧，可幫助我們在更正確的時間進行交易，讓我們避開漫長的等待，而「基本面」的分析能力，則可以協助我們挑到更有保障的股票，避免誤踩惡劣主力設下的地雷。總之，單靠籌碼分析並無法讓我們穩操勝算，要搭配應用「技術面」與「基本面」的各項技巧，才能夠讓我們的投資達到事半功倍的效果。

更銳利過濾出飆股

　　在選股方面也是一樣，籌碼並不適合當作選股的主軸，相信絕大部分的投資人都希望找出「立刻會漲」的股票，而不是找一堆有潛力、有優勢、有機會的股票。因此籌碼資訊在選股的應用，通常是擔任配角的角色，也就是**當我們選出很多股票時，就可以透過「籌碼面」進行第二次選股過濾，找出比較有交易優勢的股票。**

　　本書是以「籌碼分析」為主軸，不論是選股策略、個股分析、實戰範例都會特別強調「籌碼面」帶來的分析效果，以加深讀者的印象。但請別對籌碼分析有不切實際的期待，希望前述的說明，能夠幫助各位讀者充分了解籌碼分析的優缺點，並且用更正確的觀點來看待本書。

本書的內容

　　第一章是簡介，介紹「**籌碼如何影響股價**」，和有哪些重要的籌碼資訊，也會簡單介紹筆者慣用的籌碼分析軟體──「籌碼K線」。

　　第二章是「**選股策略**」，這一章會介紹10個搭配籌碼資訊的選股策略，這些策略也都是從過去的交易經驗中所觀察出來的結果，透過這些情境的篩選，可以更快速的找出適合作多或放空的股票。

　　第三章是「**主力籌碼分析**」，選股策略畢竟是一套死板板的選股規則，選出來的股票通常都只有在特定面向符合我們的期待，所以還需要進行「主力籌碼分析」來做最後的判斷，這是提高交易勝算的重要步驟。

　　第四章是「**實戰分享**」，這一章會分享5個案例，從這些案例中大家可以了解要如何將「籌碼K線」運用於實際的交易活動。每一個案例，我都會說明為何會選擇這一檔股票進行交易？而在交易前如何評估？交易計畫為何？交易後又是如何追蹤？最後為何出場？還有一些心得分享。

　　結語是「**進場前的叮嚀**」，如果要在股市長期運作，除了要有基本的分析能力之外，還要有好的執行計畫，這一章會分享我對交易的看法，與如何安排長期的交易規劃。

自　序

　　進入股市已經有13個年頭了，坦白說，要在股市中賺到鉅額的財富真的不是一件簡單的事。當年，我也是和大家一樣懷抱著夢想而進入股市，新手的好運持續了一年半。一個剛入行的菜鳥花不到一年的時間就賺到了98萬元，任誰都會幻想自己注定要吃這行飯。但事實是殘酷的，接下來的3個月就連本帶利回吐150萬元。這一段過程讓我認清了自己，當時眼看著獲利從98萬、變成88萬、變成58萬、變成28萬、變成8萬、變成負18萬、變成負28萬、變成負68萬，整個過程都沒有採取任何行動。對於交易者來說，這樣的性格可說是重大的瑕疵。不僅如此，仔細回想這整個過程，從小賺、大賺、小賠、大賠，我並沒有像其他交易員一樣，很享受交易過程所帶來的刺激與興奮感。不論是賺錢還是賠錢，交易的過程所帶來的痛苦就是比快樂多。這時我才深刻體認到自己的性格並不是那麼適合進行交易。不適合交易的人如果持續的進行交易，終究還是會白忙一場。接下來的3年期間，同樣的故事重複上演了兩次，而交易績效則是暴起暴落。

　　不過，幸運的是在這一段期間，因為工作上的關係讓我有機會近距離的接觸到市場中傳說的「主力」。簡單來說，我就是主力御用的交易員。我服務的那一群主力原本互不認識，但因為證券商的緣故，彼此有了機會認識，進而形成主力圈。這個圈子中有3個主體，兩家是以公司派為主體，一家是以金主、作手為主體。這三個單位手中可以運用的資金就超過45億，不過絕大部分的資金是屬於其中一家公司所有。而其他兩家公司手中可動用的資金則只有3億左右。這三年的期間，前前後後共交易過二十多檔股票。但其中只有五檔是由這個圈子所主導的，其他的則是擔任配角或是短線鎖籌碼的角色。這五檔主打的股票中，報酬率最差的一檔是漲幅250％，而最好的一檔則是漲幅500％。因為這三年的經歷，讓我對股市的運作完全改觀，也才了解到影響股價運作最重要的一股勢力。

　　一檔股票的籌碼才是左右股價漲跌的核心關鍵，如果少了籌碼面的支持，不論基本面再怎麼優秀、技術面多麼有優勢，都很難有突出的表現。雖然明白籌碼的重要性，但當時主管機關所揭露的籌碼數據實在非常有限，根本就無法讓我們查明一檔股票的籌碼分布與流向，就更別談論要如何掌握主力的蹤跡。巧婦難為無米之炊，沒有完整的籌碼資訊可進行分析，就算對主力的炒股行為非常熟悉，缺少數據的佐證，恐怕也都只是在瞎猜。

　　我選擇離開讓我不快樂的交易室，因為我的性格真的不適合近距離的接觸交易。但我對交易研究依然充滿熱情，所以轉換跑道來到了金融資

訊軟體公司，繼續研究金融交易與相關的軟體開發。在我轉換跑道的兩年
後，令人意想不到的事情發生了。在 2010 年時，主管機關將「證券商各
分公司的交易明細」電子化並公開於網路上。這終於讓我有機會可以徹徹
底底的研究分析籌碼的分布與流向。就在這項數據公布的一年半之後，我
順利的開發出第一代的「籌碼 K 線」。就在隔一年的時間，我也順利利用
自己開發的「籌碼 K 線」替自己賺進了 134 萬。說也奇怪，當我花在交易
的時間越少，卻賺到越多的錢。我絕大部分的財富都是在離開交易室之後
才開始獲得的。近五年當中有四年都從市場中賺得 50 ～ 100 萬，不過換
算成報酬率並沒有很高，約介於 10 ％ ～ 30 ％ 之間。

　　為什麼突然開始賺錢呢？這其中最大的轉變是因為我認清了自己的
優缺點，所以選擇離開既有的交易環境，並且找出更適合自己的交易頻率
與方式。第二則是充分利用籌碼資訊來優化交易勝率。離開主力交易室之
後，雖然斷了內線的來源，但籌碼分析則成為我最佳的內線替代方案。有
內線就會有主力，有主力，籌碼就會異動，所以追蹤籌碼自然可以掌握主
力、內線的蹤跡。除了這兩點之外，有效的投資組合管理則是我現在還在
學習的技巧。在 2014 年我虧損了 70 萬，虧錢的原因還是一樣，同樣的故
事第四次上演，因為由盈轉虧之後不甘心離場，又釀成大賠的結局。關於
這個問題，我已經有了解決的方案，這在本書的最後也會跟大家分享。

　　交易是一條漫長的沒有終點的路，不斷的修正自己的行為，並且選擇
適當的分析工具，才能夠在市場中長期作戰並贏得財富。修正自己的行為

　　要靠大家自行體會，工具的部分我則是完全依賴「籌碼分析」，希望透過
這本書的出版，幫助從事交易的朋友，利用不同的工具精進自己的操作。

施孝承

籌碼　影響股價運作最重要的勢力

介紹「籌碼如何影響股價」，且認識重要的籌碼資訊，同時介紹如何透過籌碼分析了解股票漲跌的關鍵。

什麼是籌碼

在股票市場中，我們經常聽到人家說起「籌碼」一詞。什麼是「籌碼」？籌碼指的是「錢」還是「股票」？在賭場中，籌碼通常是代表你的「資金」，也就是你擁有多少「錢」，**但在股票市場中，我們所提到的「籌碼」，多半是指你所擁有的「股票」。**如果你持有一家公司很多張的股票，我們就會說你擁有很多籌碼！「籌碼」一詞背後代表你擁有多少實力。一般來說，擁有越多籌碼的人，對股價的控制能力就越強。

1、籌碼對股價的影響

有籌碼就真的能夠控制股價嗎？很久以前，有位老主力問我「一家公司的股價是誰可以決定的？是手中有錢的人可以決定的？還是手中有股票的人可以決定？」當時我認為股價當然是手中有錢的人可以決定的，因為有充足的資金就可以買進很多的股票，股價愛拉多高就拉多高。事實真的如此嗎？這位老主力舉了一個極端的例子向我說明，假如你擁有一家上市

公司的所有股票，如果你一張都不賣，市場就不會有任何的交易價格。如果你希望股價上漲，你就掛高價等著賣；如果你希望股票下跌，就殺低價格賣出。相反的，如果你手中有很多錢，卻沒有半張股票，就算你掛很高的價格想要買進，還得看看股票持有人是否願意賣出。所以籌碼多寡才是真正決定股價漲跌的核心關鍵。

在現實的股票市場中，當一檔股票處在漲停的狀況時，無論你有再多的錢也都未必能夠買得到股票，因為這時完全得看賣方是否有人願意賣出股票。相反的，當一檔股票處在跌停的狀態時，只要大量的股票一直掛著要賣出，此時股價就會一直處在跌停的狀態，但若賣方不再掛出賣單，股價馬上就可以跌停打開。

由此可知，有錢未必能夠決定股價，但有籌碼則在大部分的情況下，是可以決定股價的，也就是說，在股票市場中籌碼對股價的影響遠勝過金錢對股價的影響。擁有越多籌碼的人，就越像是賭場裡的莊家，對股價擁有更高的決定權，所以在股票投資過程中，能夠掌握籌碼動向的人，投資成果就能夠略勝一籌。

2、懂籌碼才是高手

其實，在股票市場中，一般投資人與投資高手之間最大的差異，往往

不是投資方法的好壞，而是有沒有善用「籌碼」。有經驗的投資人其實都知道如何從基本面、技術面去找出好的交易時點，例如：KD低檔交叉、MACD負轉正、股價創新高、突破壓力區、營收創新高、獲利由虧轉盈等，這些都是眾所皆知的「理想交易時點」。但絕大部分的投資人還是無法創造出好的交易績效，這其中最重要的關鍵就在於是否考慮到籌碼的狀況。

　　同樣都是好的交易時點，高手會選擇擁有「籌碼優勢」的股票來進行交易，因為具有「籌碼優勢」的股票，同時就具備「易漲難跌」的特性。選擇「易漲難跌」的股票，對投資人來說是非常重要的，這代表這一檔股票上漲的機率比下跌的機率高，若能夠長期交易「易漲難跌」的股票，投資成果自然就「易漲難跌」，而這正是投資高手與一般投資人之間最大的差異所在。

怎麼看籌碼

　　簡單來說，當一檔股票具備「籌碼集中」或「主力介入」這兩項特徵之一，都可以說是擁有「籌碼優勢」，而「籌碼優勢」，就是我們看籌碼

時的分析重點。

　所謂「籌碼集中」是指一檔股票的籌碼集中在少數人手上，或是有特定人大量買進，也會被視為是「短期的籌碼集中」。一般來說，「籌碼集中」可能是內部人本來就持有很多股票，也可能是外部人介入後才產生的結果，不論是哪種原因，這都代表流通在外的籌碼變少了，如果「有心人」想要操控股價，相對來說，是變得比較容易。「籌碼集中」代表這檔股票擁有容易炒作的體質，這是吸引其他交易者積極參與的重要誘因之一。當一檔股票的籌碼越集中，就越容易受到人為的控制，容易受到人為控制的股票，就越容易吸引其他主力介入，而有主力介入的股票就更容易引導出一段行情，這正是「籌碼集中」替我們創造出來的「籌碼優勢」。

　「主力是否會介入一檔股票」，首要的考量往往是手中是否掌握了公司的重大情報，其次才是「籌碼集中的程度」，所以「主力介入」的股票不一定要擁有「籌碼集中」。我們雖然無法跟主力一樣掌握重大情報，但「主力藏在籌碼裡」卻是不可避免的事實。主力參與的股票通常都會出現相對異常的交易行為，所以我們可以從籌碼流向中找到蛛絲馬跡，掌握主力介入的小動作，就可以和主力一起進場。在主力的護航之下，一檔股票往往也都能夠維持大漲小跌的走勢，而這正是「主力介入」替我們創造出來的「籌碼優勢」，也就是我們要觀察的重點。

交易擁有「籌碼優勢」的股票，會讓我們的投資成果事半功倍。「籌碼分析」就是在觀察、評估一檔股票是否擁有「籌碼優勢」，或是設法找出擁有「籌碼優勢」的股票。

1、投資工具決定投資成果

絕大部分的投資人都是使用券商所提供的看盤軟體來進行股票投資決策，但這些看盤軟體可說是相當過時的產品，因為從2010年開始，主管機關就將主力私藏的操盤秘密「券商分點進出明細」這份資料電子化，這份數據正是用來分析「籌碼集中」與「主力介入」最重要的參考依據。但一般看盤軟體卻還是把焦點放在「即時報價」與「技術分析」這兩項功能上，而忽視了更關鍵的「籌碼分析」。一般看盤軟體所提供的籌碼分析功能，大概只有「三大法人」與「融資券」這兩項數據。這完全無法滿足我們進行深度的籌碼分析需求。

據了解，一般看盤軟體沒有提供深度的籌碼分析功能，是因為「券商分點進出明細」這份數據是其他一般數據的1000倍大，所以並不是每一家軟體廠商都有能力處理這樣的巨量資料，而另一個原因則是因為缺乏專業的Konw-how來讓這份資料變得有參考價值。總之，如果有心要交易的投資人，都應該要選用可以進行深度籌碼分析的看盤軟體。

　　目前最有名、最完整、最實用的籌碼分析軟體是「籌碼 K 線」，「籌碼 K 線」是專為「籌碼分析」量身打造的投資分析軟體，所有的規劃與設計都是以「籌碼」為核心來處理。「籌碼 K 線」可以查詢到所有與籌碼有關的公開數據，當然也包含歷史資料，更重要的是「籌碼 K 線」將這些籌碼資訊作有意義的運算與統計，並設計成簡易的指標或採用圖示呈現，就算是新手也能夠一眼就看出籌碼的動向。至於想進行深度分析的老手也可以仔細調查不同身分別的股東的持股情況、甚至可以追查到全省各個券商分點的進出明細，這些都還算是基本的功能，下頁圖 1 可以看到籌碼 K 線的介面。

　　至於「籌碼 K 線」這套軟體，大家都可以從這個網站下載，並免費使用。網址：http://cmy.tw/004hiu

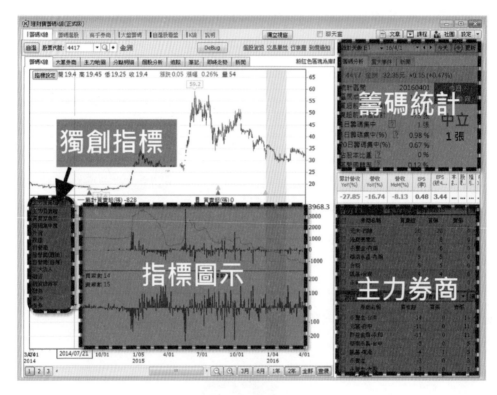

▲ 圖1、籌碼K線介面

　　籌碼K線對投資人來說，最大的特色就是提供了「籌碼選股」的功能，圖2可以看到籌碼選股功能介面。我們都知道要設法找出具備「籌碼優勢」的股票，但一千多檔股票要如何有效率且快速找出符合的股票呢？如果不藉助選股工具，還真不知道該如何找出，所以我都是透過籌碼K線內建的「籌碼選股」功能來找出具備籌碼優勢的股票。這項功能還可以讓

使用者搭配基本面、技術面等條件來設計出適合自己的選股方法。擁有適合自己的選股方法，對於有心要在股票市場中進行操作的投資人來說，是相當重要的一件事，因為這也是影響投資成敗的關鍵因素之一，如果沒有固定的選股策略，投資就容易會沒有章法，獲利自然就沒有辦法穩定。

▲ 圖2、籌碼選股

2、關於籌碼數據

目前我們必須關注的重要籌碼數據約有十多項，這些數據都是由下列3個政府機關定期公布，分別是臺灣證券交易所（TWSE）、證券櫃檯買賣中心（TPEx）、臺灣集中保管結算所（TDCC）。大部分的數據都是每

天公布，少部分是每週或每月公布，極少部分則是不定期公布。

　　「臺灣證券交易所」與「證券櫃買中心」所公布的資料項目都是一樣的，差別只是資料對象不同，分別是「上市公司」及「上櫃公司」。這兩個單位每日會公布「三大法人」、「融資融券」、「借券與借券賣出」、「當沖交易」、「鉅額交易」、「買賣日報表」等。其中，「買賣日報表」就是最重要的「券商分點進出明細」資料。而「臺灣集中保管結算所」則是每週會公布「集保戶股權分散表」。以上這些資料都是最重要的籌碼數據，如下面圖3所表示，在「籌碼K線」當中也都可以輕易找到，當我們在進行籌碼分析時最好都要一一檢視。

　　此外，還有一部分的籌碼數據必須到臺灣證券交易所旗下的子網站「公開資訊觀測站」中查詢，這包含董監及內部人持股與轉讓、可轉債發行與轉換、新股上市、實施庫藏股、增資、減資等。這些都是上市櫃公司的財務活動，雖然不是發生在公開市場中的交易行為，但這些事件卻會直接影響或改變原有的籌碼分布與流向，很多時候也會直接衝擊股價未來走勢，若我們忽略了這些重大的公司事件，自然無法做出正確的分析與判斷。但要追蹤這些事件並不是一件簡單的事，因為除了董監和內部人這兩項數據是定期每月公告之外，其他的事件則是沒有固定的發生時間，而且不常發生，一般投資人要完全掌握這些事件實在是很困難。但現在大家只要打開「籌碼K線」就可以輕易掌握這些事件，就在圖4所表示的位置。

▲ 圖3、籌碼數據

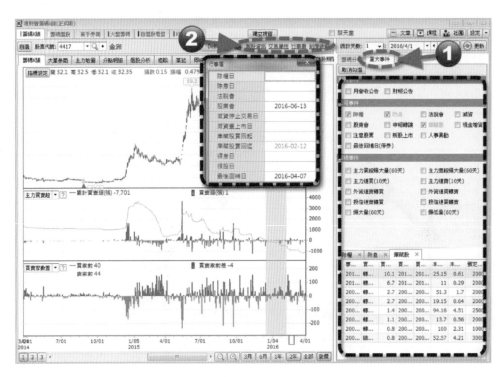

▲ 圖4、公司重大事件與資訊

　　基本上我很少直接到政府機關的網站進行查詢，只有偶爾需要確認資料正確性時才會使用得到。相關的網址請參考附錄。

可查詢籌碼數據的重要網址

- 買賣日報表（上市）：http://bsr.twse.com.tw/bshtm/
- 買賣日報表（上櫃）：http://www.tpex.org.tw/web/stock/
  aftertrading/broker_trading/brokerBS.
  php？l=zh-tw
- 集保戶股權分散表：http://www.tdcc.com.tw/smWeb/
  QryStock.jsp
- 私募：http://mops.twse.com.tw/mops/web/t116sb01
- 庫藏股：http://mops.twse.com.tw/mops/web/t35sb01_q1
- 可轉債：http://mops.twse.com.tw/mops/web/t108sb08_1_q1
- 董監大股東持股餘額：http://mops.twse.com.tw/mops/web/
  stapap1_all
- 內部人持股轉讓：http://mops.twse.com.tw/mops/web/
  t56sb21_q1

十大策略
教你 3 秒選飆股

介紹10個搭配籌碼資訊的選股策略，透過這些策略的篩選，可以更快速的找出適合作多或放空的股票。

如果對飆股有研究的投資人，可能都知道飆股有三寶。「飆股三寶」就是誘發股價飆漲的三大元素「主力、籌碼、題材」。所謂的「主力」是指「主力參與」，而「籌碼」是指「籌碼集中」、「題材」是指「上漲的理由」。其中構成股票上漲的理由可說是五花八門，原則上只要是說得過去的原因都可以成為「上漲的理由」，不論是基本面、技術面或消息面，只要稍微包裝一下就立刻變成華麗的題材。簡單來說，股票不怕沒題材，就怕「主力不參與」、「籌碼不集中」，所以選股的重點就是找出「籌碼集中」、「主力介入」的股票。如果希望買了立刻賺錢，那麼「主力介入」的重要性就更勝於「籌碼集中」。掌握好這個重點，要找出適合操作的股票就不會太困難。

接下來，我將跟大家分享10個我會使用的選股策略。其中有6個是作多的策略，而另外4個是作空或當沖的策略。每個策略都會分成5個部分來進行說明。

「策略屬性」：說明策略的概念與操作模式、操作週期，以及適合什麼樣的投資人。

「**策略概述**」：介紹這個策略的選股邏輯。

「**設定說明**」：如何在「籌碼K線」中設定這個選股策略。

「**選股訣竅**」：當策略選出來的股票不只一檔時，可以透過什麼樣的方法來做進一步的選擇？

「**操作叮嚀**」：實際操作時可以搭配的操作技巧或經驗分享。

策略一：神秘券商

1、策略屬性

　　這個策略屬於「主力介入」概念的選股策略，原則上不考慮基本面、技術面等因素，策略的基本假設是「神秘券商大買背後必有隱情」。這是「守株待兔型」的操作模式，屬於低操作頻率的策略，操作週期可能會**超過一個月**。

2、策略概述

　　這個策略是透過大數據分析，找出有特殊關係的「券商」與「個股」，並持續監控該「券商」對「這一檔個股」的「買賣動作」，當出現異常時，就會出現在清單中。

　　如果一家「券商」介入一檔「股票」很深，就不排除這家「券商」是這一檔「股票」的「神秘券商」。要找出這樣的券商並不容易，因為這無法透過簡單的公式運算找出，而必須進行全面性的查驗與比對後才有辦法判斷。舉例來說，我們要找出介入台積電最深的券商，就必須觀看1000家券商分點的歷史交易紀錄後，才有辦法判斷哪一家分點介入台積電的程度最深。

　　當我們已經找出每一檔股票的「神秘券商」後，接著還要持續監控這一家「券商」是否有出現大幅買超的動作。當「神秘券商」出現大幅買超時，就是我們需要特別關注的時刻。

3、設定說明

　　在「籌碼Ｋ線」中，這項功能被歸類在「高手券商」當中，在這個頁籤中可以找到「神秘券商」這項功能，請參考下圖1。

　　畫面左側是當日符合定義的「股票」，也就是有「神秘券商」加持的「個股」，而畫面右側則是「分點Ｋ線」，這可以讓我們很快的看到這一家券商進出這一檔股票的歷史紀錄。

▲ 圖1

4、選股訣竅

　　這份「神秘券商」清單，每天約會產生五十檔股票，我會透過下列4個概念來找出理想的交易對象。

❶今日上榜優先

由於主力進貨通常不是一、兩天的事情，所以當今天是第一天上榜的話，表示未來幾天可能還會有買盤持續進場。這個階段就是標準的「易漲難跌」時期，非常適合進行交易。如果這期間又是執行庫藏股期間就更好了，這等於是保證有買盤進場。

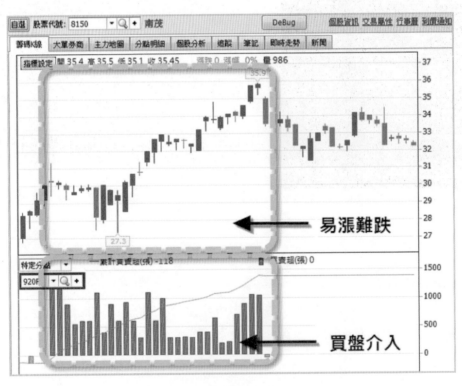

▲圖2

在「神秘券商」清單的第一欄，如果有標記黃色「★」就表示今天是
第一次進榜。

	1264	德麥	元大-北中	989D1	611
	3031	佰鴻	元大-板橋	989C	608
	2419	仲琦	元大-板橋三民	9879	602
	3686	達能	凱基-台南	9211	588
★	1806	冠軍	凱基-頭份	9296	575
	2327	國巨	群益金鼎-新店	918F	569
★	1457	宜進	永豐金-大園	9A98	542
★	8112	至上	國票-安和	779Z	519
	1417	嘉裕	凱基-土城	921J	502
★	3523	迎輝	元大-四維	9831	500

▲ 圖3

❷ 小型股優先

我對大型股的定義是指股本超過「50億」的股票，而小型股則是指
股本小於「20億」的股票。一般來說，就算是主力也沒有能力操控「大
型股」，所以即使我們看到「大型股」有神秘買盤介入，也不用太期待是
主力要進行炒作。至於「小型股」，如果有「神秘買盤」出現，就很可能
是我們期待的「主力介入」，股本越小的可能性就越高。

❸ 投機股優先

市場中有些被冠上「投機股」稱號的股票，通常就是有固定主力在照顧的股票，這樣的股票當然是首選的交易對象。雖然我不能公開點名哪些股票屬於「投機股」，但大家可以觀察過去一段時間的股價走勢圖，如果是有特定主力在進行操作的股票，大概固定每一年就會出現50～100％的漲幅，像這樣經常漲漲跌跌的股票，通常就是有主力在照顧的特徵。「投機股」出現「神秘券商」加持，短線上很少沒有行情的，但是行情的長短就很難分辨了，所以建議還是要儘量縮短操作的週期。

下圖的**兩個範例**，就是典型的「投機股」走勢圖，股價會經常性的上上下下震盪。

2016/3/11　開 59.60　高 59.80　低 57.50　收 58.90

2014/1/17 開 9.45 高 9.45 低 8.88 收 9.03

▲ 圖 4

❹ 跌深股優先

「跌深就是最大的利多」這句話也可以完全套用在這個選股方法上。
跌深的股票，再加上「神秘券商」介入，通常都代表股價來到底部區，而
且有很高的機率會立刻出現反彈行情。

下圖5隆達（3698）4個月內跌幅50％之後，神秘券商「永豐金-竹
北」在跌幅最深的時候進場大買，股價果然止跌回升，不再破底，而這段
時間剛好又是公司執行庫藏股期間，所以我們可以輕易的分辨這個分點就
是公司派進出的券商。

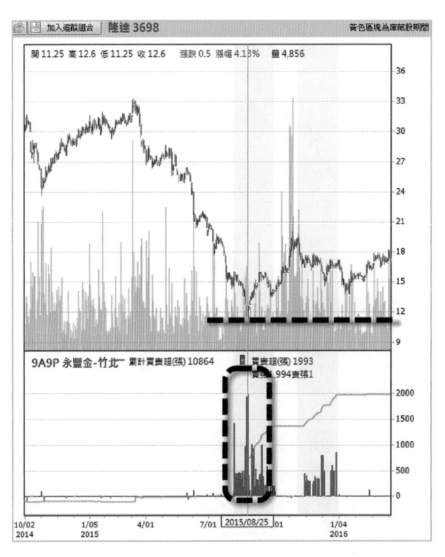

▲ 圖5

5、操作叮嚀

　　「神秘券商」右側的「分點K線」，如果有看到黃色區就表示公司在執行「庫藏股買回」，這期間內的買盤不一定是有意圖的主力，所以不能夠以偏概全的視為是「主力介入」的訊號。

　　不過，當一家公司在執行「庫藏股」，特別容易出現「買超異常」的情況，雖然這不是我們要找的「主力介入」概念股，但因為公司選擇執行「庫藏股」的時間點，通常都是公司在向投資人暗示股價「被低估」了。所以此時股價幾乎都是處在相對低檔區。而且因為庫藏股買盤進場加持，在極短線上還是有很多的操作機會，請參考前述範例圖5的隆達（3698）。

　　這個策略選出來的股票我通常會先加入口袋名單，列為持續追蹤觀察對象，因為很少有「神秘券商」在大買之後，就立刻出現股價飆漲。

　　因為這樣的行為容易被主管機關列為調查的對象，所以聰明的主力都會在買完後沉澱1～3個月，再發動。

　　下圖6懷特（4108）的「重大新聞事件-解盲成功」是發生在今年3月，但主力卻早在去年的6～8月就開始布局了，主力至少獲利一倍以上。

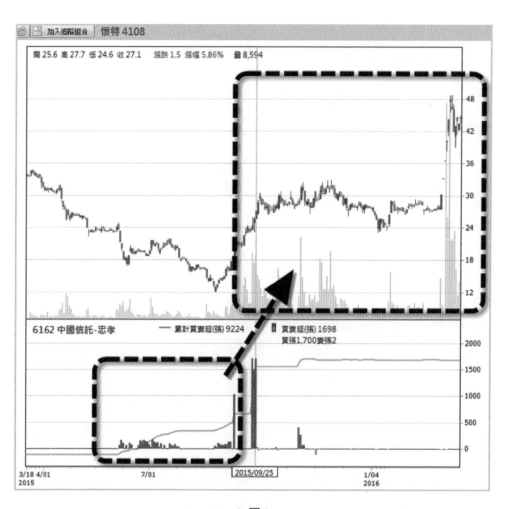

▲ 圖6

策略二：營收成長＋買盤集中

1、策略屬性

這個策略屬於「籌碼集中」概念的選股策略，同時考量基本面與籌碼面兩個因素。策略背後的精神是找出「尚未充分反映股價的成長股」，這也是屬於「低進出頻率」的操作策略，適合一般上班族，每月只需在營收公告日（每月10日）的次一個交易日進行操作，操作週期建議至少持股一週以上。

2、策略概述

買股票就要買會成長的公司，當公司不斷賺錢，股票才有價值，股價也才會持續上漲。要追蹤一家公司是否成長，最重要的一項數據就是「**營收成長率**」，這項數據幾乎是全市場的分析師都會無所不用其極的想要搶先知道，所以很多時候月營收還沒公告，股價早就已經偷偷反應，小散戶經常都要面臨該不該追高買的問題？其實只要參考一下「籌碼面」的數據，自然就可以找到答案，如果買盤還集中，就表示股價還沒充分反應，自然就還有上漲的動能，因此同樣要買進營收成長股，當然要優先選擇籌碼集中的個股。

3、設定說明

步驟一：勾選「公司營收」中的「月營收成長率>20%」這項條件

步驟二：再勾選「分點籌碼」中的「買盤家數集中股（今日有主力進貨）」這項條件

步驟三：開啟「篩選設定」，調整選股參數如下：

　　　　月營收年成長率：大於10％

　　　　累計月營收成長率：大於10％

　　　　月營收月變動率：大於0％

　　　　有交易家數：大於300家

　　　　買盤家數集中比例：大於0.3

步驟四：儲存至「我的選股（複選）」，取名為「營收成長＋買盤集中
　　　　（11日）」。

4、選股訣竅

　　這個選股策略所選出來的股票數量相當少，原則上都是個位數，甚至偶爾會沒有選出任何股票，所以在選擇方面並不需要特別的進階選股技巧，只需要注意下面的幾個情況。

　　❶ 排除金融股

　　因為「營收成長率」這項指標並不適合用來分析「金融產業」，所以金融股即使出現營收大幅成長，也都不應該列入交易的口袋名單。

　　❷ 排除剛上市櫃的股票

　　公司為了順利完成上市櫃，並取得好的股價認同，所以通常都會設法美化營收，此時的營收成長率必定是很亮眼，但這是被刻意營造出來的情境，所以不建議將剛上市櫃公司列入交易名單。

　　❸ 儘量選擇媒體沒有報導過的冷門公司

　　媒體經常報導的股票，通常也是大家最關心的股票，這樣的股票很難有超額的獲利空間，所以我們要儘量選擇媒體還沒報導的股票。以去年 2015 年 8 月 11 日為例，選出了三檔股票，我們可以參考副圖指標「新聞多空」來觀察新聞發布的數量與頻率。經過比較後我們可以輕易看出「日友」的新聞量是最少的，其次是「為升」，最後才是「聚陽」，所以我們的首選是「日友」（請參考圖 7、8、9）。「新聞量」的多寡是用來分辨

冷門程度的重要指標。

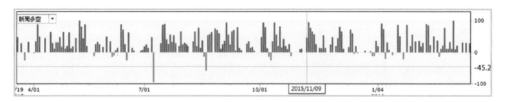

▲ 圖7、聚陽（1477）

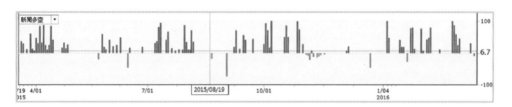

▲ 圖8、為升（2231）

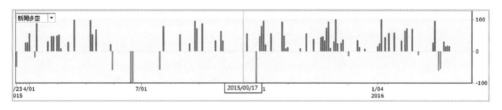

▲ 圖9、日友（8341）

5、操作叮嚀

　　這個選股策略最佳的選股時機是每個月營收公告截止日的後一日，原則上就是每月的11號晚上，如果10號是假日則公告截止日會順延一天。

　　另外，有一點要特別留意的就是，如果營收呈現高成長，但股價卻呈現下跌趨勢，就要回頭去查看這檔股票過去幾個月的營收成長率，如果營收成長率雖然為正數，但卻逐月遞減的話，就不是我們要找的成長股。最經典的範例就是宏達電（2498）在2011年時，每月的營收成長率皆超過100％，但股價卻不漲？因為營收成長率已經出現明顯的逐月下滑，最後股價也只好跟著修正。

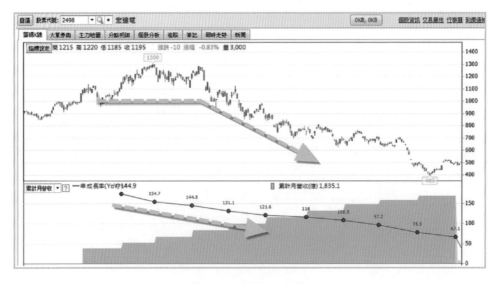

▲ 圖10、宏達電（2498）

策略三：交易家數暴增

1、策略屬性

　　這個策略屬於「主力介入」概念的選股策略，只單純從籌碼面因素來判斷是否有主力介入，這是一個「短線作空」的交易策略，適合天天操作。策略背後的精神是「找出有主力介入的股票，並且與主力進行對作」，因為是和主力對作，所以是相當投機的交易策略，只適合有嚴格交易紀律的投資人，另外，也必須具備信用交易資格，才有辦法執行融券放空。

2、策略概述

　　「交易家數暴增」是一個很好用來追蹤冷門股是否有主力介入的指標，當一檔冷門股突然湧入很多的交易券商，這是非常不尋常的事情，絕大部分的情況都是有人刻意引導而產生的，所以我們會推測有「主力介入」。大部分的投資人聽到「主力介入」都會認為應該要趕快跟著買進，才有機會賺到錢，但對於冷門股來說，卻是高風險的行為，因為冷門股缺乏人氣，所以主力經常要透過拉高股價來吸引市場目光，此時就會出現「交易家數暴增」，緊接著主力需要透過反覆震盪的操作手法來匯聚更多的人氣，所以暴漲之後，通常會立刻出現拉回，我們就是利用這一現象進行反向操作。

3、設定說明

步驟一：勾選「分點籌碼」中的「交易家數暴增股」這項條件

> ▷　■ 我的選股（複選）
> ▷　■ 我的選股（單選）
> ◢　🗁 分點籌碼
> 　　☑ ⼶ 交易家數暴增股
> 　　☐ ⼶ 券商重押股
> 　　☐ ⼶ 籌碼集中股
> 　　☐ ⼶ 券商最愛熱門股

步驟二：開啟「篩選設定」，調整選股參數如下：

　　　　平常：60 日進出均家數
　　　　平常家數上限：50 家
　　　　交易家數暴增：4 倍

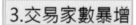

步驟三：儲存至「我的選股（單選）」，取名為「交易家數暴增」。

> ▷　■ 我的選股（複選）
> ◢　🗁 我的選股（單選）
> 　　☑ ⼶ 3.交易家數暴增

4、選股訣竅

　　這個策略選出來的股票數量與股市的行情有很大的關聯性，行情好時可能多達三十檔，而行情不好時可能只有個位數，一般我會透過下列方法再進一步挑選適合交易的對象。

　　❶ 信用評等越差的越優先

　　財務信評反映了一家公司過去的財務狀況，如果一家財務狀況不好的公司，卻出現股價飆漲、交易家數暴增，這通常是炒作的成分居多。而且在沒有基本面的支撐下，股價也很難維持在高檔，因此可列為優先操作的對象。

　　財務信評這項數據原則上越大越不好，如果超過7，代表這一檔股票屬於投機等級，越投機的股票就越可能在股價上出現欺騙的行為，因此越適合逆勢操作。

　　❷ 暴增倍數越大的越優先

　　交易家數暴增的倍數也可以用來解讀為投機的程度，如果投機的成分越高，股價回檔的機會就越大，所以我們也可以從暴增倍數大的股票開始挑選。

❸ 漲幅越大的越優先

如果前面兩個條件都成立的前提下，區間漲幅越大的股票所承擔的下跌風險自然就越大，所以當然是優先布局的對象，在這裡大家可以採用系統內預設的60日漲跌幅來進行判斷即可。

以下圖11是某一天的篩選結果，我會選擇志嘉（5529）進行操作，因為這檔股票是暴增倍數前四名當中漲幅最高、信評最差的股票

股票代號	股票名稱	暴增倍數	今日進出家數	平常60日進出均家數	今日漲幅(%)	過去60天漲幅(%)	總市值(億)	財務信評
1592	F-英瑞	11.7	233	20	2.23	11.96	32.2	6
1528	恩德	8.1	274	34	9.97	-2.27	17.9	6
4942	嘉彰	7.1	264	37	-2.46	-8.59	32.5	5
5529	志嘉	7.1	276	39	-5.98	49.23	12.3	8
4973	廣穎	6.4	216	34	7.29	-3.24	11.5	5
6265	方土昶	6.3	232	37	0.9	15.58	9.3	7
6114	久威	6.2	274	44	-5.3	30.36	24.6	8
6275	元山	5.4	174	32	-1.14	10.97	6.9	8
6195	詩聲	4.8	183	38	3.55	5.74	22.6	4
2509	全坤建	4.7	137	29	2.54	4.66	36.7	6
3581	博磊	4.4	145	33	-7.28	40	8.9	6
8927	北基	4.1	115	28	-0.21	-2.8	18.6	7

▲ 圖11

5、操作叮嚀

雖然說跟主力對作，不是一個好的想法，但是真的很多三流的主力都會選擇冷門股去操弄一日行情，因此這個策略有很高的勝算。不過我們在實際操作時還是要小心謹慎，我通常會搭配下列三項規則來進行操作。

❶ 如果開高超過5%，要等到回跌到5%以下再介入。

❷ 操作天期控制在3天之內，可以當沖就當沖。

❸ 如果股價超過進場日的高點，就停損。

策略四：散戶最愛＋5日新高

1、策略屬性

這個策略是從散戶角度來選出適合逆勢操作的股票，利用「散戶籌碼特徵」與「股價創新高的特性」找出短線股價過熱的股票。這個策略可進行當沖交易，所以適合喜歡天天看盤的投資人，如果要進行短線操作，操作週期也應儘量控制在5天以內。

2、策略概述

「散戶的行為」一直以來都是市場中很好的反指標，當「散戶」一窩蜂的追高買進，就代表這檔股票的籌碼已經變凌亂了，這時候股價通常就容易進入震盪整理的階段，此時是最適合進行當沖交易或賺取短線價差的時刻。要觀察「散戶介入」最簡單的指標就是「有交易的券商家數」，如果「有交易的券商家數」越多，代表散戶交易越活絡，此時如果股價也同

步創下近期新高，則後續進入震盪的機會也就越大，震盪越大的股票，就越有賺取價差的空間。

3、設定說明

步驟一：勾選「漲跌幅」中的「創20日收盤價新高」這項條件

步驟二：再勾選「分點籌碼」中的「券商最愛熱門股」這項條件

步驟三：開啟「篩選設定」，調整選股參數如下：

　　　　當日成交量：大於 5000 張

　　　　創 N 天新高：5 天

　　　　券商最愛熱門股排行：前 50 名

4.散戶最愛+5日新高(空)

漲跌幅： 創20日收盤價新高

　當日成交量：大於 5000 ▼ 張

　創N天新高： 5 ▼ 天

分點籌碼： 券商最愛熱門股

　券商最愛熱門股排名：前 50 ▼ 名

步驟四：儲存至「我的選股（複選）」，取名為「散戶最愛＋5日新高
　　　　（空）」。

📁 我的選股（複選）

　📈 10.急漲+爆量(空)

　📈 2.營收成長+買盤集中(11日)

　📈 4.散戶最愛+5日新高(空)

　📈 5.左手換右手(多)

　📈 6.股價急漲+散戶追(空週一)

　📈 7.主力券商買超異常

　📈 8.投信買超小型股(多)

　📈 9.融資暴增+突破成本線

4、選股訣竅

　　這個策略選出來的股票數量相當不一定，大概介於五到三十檔之間，
我們可以透過下列兩項指標來挑選適合操作的標的，這兩項指標有各自適
合的操作模式，一個是適合挑選當沖股，另一個適合挑選短線價差股。

❶ 總市值越小越好

如果是要執行當沖交易的話，我會選擇依總市值排序，由小到大進行挑選，市值小的股票通常比較有震幅，也才容易進行當沖。

❷ 創新高天數

如果要進行短線價差交易的話，則需要參考「創新高天數」這項指標。根據過去的經驗，創新高天數越多天的股票，適合作多，而創新高天數越少的股票，則適合作空。簡單來說，股價創新高天數越多天，表示多頭趨勢越明確，瞬間反轉的機會很小，因此順勢作多的勝算大。而創新高天數越少天，則表示趨勢尚未明顯，因此後續出現震盪拉回的機會大，所以適合逆勢作空。

5、操作叮嚀

這個選股策略所選出來的股票，有一個非常重要的特徵就是隔日收黑K棒的機會很高，約有六到七成的機會是黑K棒。所謂的「黑K棒」就是指「收盤價」會低於「開盤價」，因此如果要進行當沖或是作空的話，只要目前股價高於開盤價都是好的進場點。如果要作多的話，則要選擇在股價跌落至開盤價之下再進場比較好。另外，股價開高又比開低更有獲利空間，所以一般我會選擇開高的股票作為當沖標的。

策略五：左手換右手

1、策略屬性

　　這個策略屬於「主力介入」概念的選股策略，是根據主力的行為特徵來找出可能有主力介入的股票。這也是一個相當投機的選股策略，由於我們能夠取得的資料很有限，只能透過利用局部的資料來進行推測，這個策略的猜測成分很高，並不適合每一個投資人，比較適合有經驗的老手。而且推測有主力介入，也不代表股價立刻就會有表現，所以有經驗的老手應該知道要如何進出這類型的股票。

2、策略概述

　　「左手換右手」是主力炒作拉抬股票時經常會採取的動作。所謂的「左手換右手」是指主力將放在 A 帳戶的股票賣到 B 帳戶手上，透過這個行為，主力可以在不增加庫存的情況下，創造出交易量，而且還可以順便拉抬股價，可說是一舉數得，所以當我們看到個股有出現「左手換右手」的情況時，就很可能是有主力涉入其中。

3、設定說明

步驟一：勾選「分點籌碼」中的「左手換右手作量股」這項條件

步驟二：勾選「基本過濾」中的「市值<10億」這項條件

步驟三：開啟「篩選設定」，調整選股參數如下：

　　　　對敲張數：大於300張

　　　　買賣張數差：小於50張

　　　　總市值：小於50億

步驟四：儲存至「我的選股（複選）」，取名為「左手換右手」。

4、選股訣竅

　　這個策略選出來的股票數量通常都在十檔以內，數量雖然非常少，但並不代表每一檔股票就真的有主力介入，我們還需要透過下列幾個面向來進一步挑選。

　　❶「買進券商」不等於「賣出券商」

　　如果「買進券商」等於「賣出券商」，通常都不是我們要找的「主力

介入股」，這個情況通常是投資人的當沖行為。如果不是當沖行為，我們也不傾向解讀為「有主力介入」。根據我的經驗，主力通常會選擇兩家券商來執行「左手換右手」，因為如果在同一家執行的話很容易引起主管機關的注意，所以主力通常會避免在同一家券商執行。

❷本土券商優於外資券商

如果「買進券商」與「賣出券商」都同樣是外資券商，根據經驗我們也不會解讀為「有主力介入」。一般來說，外資進行「左手換右手」通常都不是意圖炒作股票，而是有其他原因，例如基金併購之後進行帳戶整合，就會出現「左手換右手」的情形，我們真正要關注的應該是「本土券商」的「左手換右手」。

❸當沖張數越少越好

「當沖張數」反映一檔股票目前的投機程度，「當沖張數」越多就越投機，越投機的股票對主力來說就越難操控，所以我們要儘量選擇「當沖張數」少的股票來布局。

❹買賣張數差越少越好

我們並沒有正確的資訊可以確認Ａ券商與Ｂ券商都是主力的帳戶，我們只能粗淺的利用買賣張數的數量來比對，所以當Ａ券商買進的張數與Ｂ券商賣出的張數差異越大，可信度就越低，因此我們應該要優先挑選買賣

張數差異越小的股票。

❺ 區間漲幅越小越好

主力通常會在「起漲區」和「高檔震盪區」透過「左手換右手」的手法來匯聚人氣，所以選擇漲幅越小的股票越有可能買在起漲區。

5、操作叮嚀

主力會使用「左手換右手」的操盤技巧，通常是因為個股沒有足夠的人氣，所以才需要自行作量來創造人氣。缺乏人氣的股票，最後是否能夠被主力順利拉抬？這恐怕還是個問號，保守起見，這個策略所選出來的股票絕對不是重押的對象，而且應盡量採取短進短出的操作模式比較合適。

策略六：股價急漲＋散戶追

1、策略屬性

這個策略與前面的「散戶最愛＋5日新高」一樣，都是從散戶角度來選出適合逆勢操作的股票，兩者最大的差異在於操作的頻率不同，這一個

策略引用每週公布一次的「集保數據」，所以投資人只需要在每週日晚上進行選股，週一進行交易即可。這是一個搶短空的策略，所以也比較適合有經驗的投資老手。

2、策略概述

　　「股價急漲、散戶追」這是散戶典型的操作模式「追高」，當這樣的狀況出現時，通常都是短線的高點，就算股價不拉回，也會開始呈現震盪的格局，這個時候非常適合進行短線放空的。不過根據觀察約有一到兩成的機會，會剛好碰上主力還在拉抬階段，也就是股價不回頭的一路往上拉，所以必須搭配嚴格的停損紀律。這是一個高勝率，但也是高風險的策略。

3、 設定說明

步驟一：勾選「漲跌幅」中的「近20日漲幅>20%」這項條件

步驟二：再勾選「內部人、持股大戶」中的「散戶持股增加（週）」這項
　　　　條件

步驟三：開啟「篩選設定」，調整選股參數如下：

統計區間：最近 5 天

區間漲幅％：大於 15％

持股：100 以下持股比率

持股變動大於：2％

步驟四：儲存至「我的選股（複選）」，取名為「股價急漲＋散戶追（空週一）」。

4、選股訣竅

　　這個策略選出來的股票數量非常少，一般都在十檔以內，所以建議直接一檔一檔檢視，挑選「急漲走勢」比較明確的股票進行操作，所謂「急漲走勢明確」，請參考下面範例說明。

　　2015年12月7日篩選出來的力瑋（5398）連續4天都出現大漲的走勢，這就是所謂的「急漲走勢明確」。

▲ 圖12、力瑋（5398）

2016年1月16日篩選出來的康聯訊（3672）（如圖13）只有一天急漲，後續4天都是橫向整理，這樣就不符合「急漲走勢明確」。

▲ 圖13、康聯訊（3672）

5、操作叮嚀

　　這個策略所選出來的股票並不是每一檔都可以進行融券放空，所以交易前可以先查詢「籌碼K線」中的「交易屬性」（如圖14），確認看看是不是可以放空或當沖。

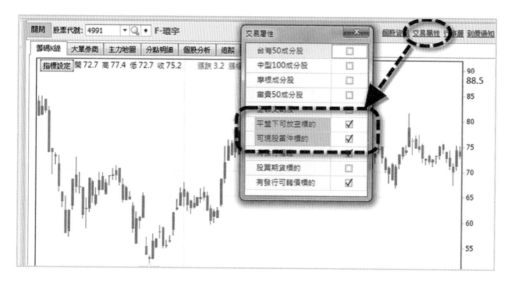

▲ 圖 14

　　前面有提到，這個策略所選出的股票當中，約有一到兩成的股票是主力還在拉抬的階段，為了避免搭錯車，我通常都會在星期一開盤後再根據股價走勢決定是否進場。如果開在平盤下，而且又是可以平盤下放空的股票，原則上就可以進場；如果開在平盤上，至少要等到變成黑K棒之後再進場。

　　如果後續股價走勢突破進場日的高點，原則上就應該執行停損；反之，如果進場後兩天內沒有跌破進場日的低點，也建議先退場。

策略七：主力券商買超異常

1、策略屬性

　　這個策略屬於「主力介入」概念的選股策略，是根據主力的行為特徵來找出主力正在拉抬的股票。由於只考慮主力的行為，沒有考量其他選股因子，所以也是一個相當投機型的策略，這個策略比較適合積極交易的投資人，也就是敢追股票、敢砍股票的投資人，因為選出來的股票都是在關鍵的時刻，必須要有追高的勇氣，而該漲不漲時，又要能果斷的換股操作。

　　這個策略沒有固定的操作天期，原則上可以根據進場前股價的區間漲幅來決定，如果進場前股價已經有一段漲幅，則操作天期就越短越好。

2、策略概述

　　主力炒作股票的過程可以區分成兩個階段，第一個階段是進貨期，這個時候主力並不想讓大家知道，而第二個階段則是拉抬期，這時候主力會透過各式各樣的方式讓投資人知道我在炒作股票。畢竟萬般拉抬都是為了出貨，如果沒有人氣，就沒有辦法順利出貨。所以設法讓大家知道並且有信心參與就是這個階段最重要的工作。「主力券商買超異常」就屬於第二個階段，也就是主力主動透露訊息希望大家都知道我在炒作這檔股票，而

且我的實力很強，我可以買超很多。

3、設定說明

步驟一：勾選「基本過濾」中的「市值<10億」這項條件

```
▷  ■ 我的選股（複選）
▷  ■ 我的選股（單選）
▷  💼 分點籌碼
▷  💼 法人籌碼
▷  💼 內部人、持股大戶
▷  💼 融資、當沖
▷  💼 漲跌幅
▷  💼 成交量
▷  💼 均線狀態
▷  💼 乖離均線
▷  💼 地域關係
▷  💼 價值投資
▷  💼 公司營收
▲  💼 基本過濾
      ☐ 高價股
      ☐ 低價股
      ☐ 大型股
      ☐ 小型股
      ☐ 股價介於50~100
      ☐ 上市公司
      ☐ 上櫃公司
      ☐ 有個股期貨的股票
      ☐ 台灣50成分股
      ☐ 中型100成分股
      ☐ 股本<10億
      ☐ 綜合得分 >5分
      ☐ 市值>100億
      ☑ 市值<10億
      ☐ 成交量>10000張
      ☐ 成交量<50張
```

步驟二：再勾選「分點籌碼」中的「Top1券商買超異常」這項條件

步驟三：開啟「篩選設定」，調整選股參數如下：

　　　　總市值：小於50億

　　　　區間統計：1日

　　　　買超張數：大於500張

　　　　異常倍數：4倍

步驟四：儲存至「我的選股（複選）」，取名為「主力券商買超異常」。

4、選股訣竅

　　這個策略所選出來的股票數量大概都在五檔以內，所以建議直接一檔一檔檢視，如果有下列情況的股票就不是適當的對象。

　　❶ 個股正在執行庫藏股

　　2015年9月4日所篩選出的定穎（6251）雖然買超遠大於賣超14倍，但因為是執行庫藏股的關係而出現大幅買超，所以這樣的情況並不是我們所要尋找的「主力介入」概念股（請參考圖15、16）。

主力券商買超異常 ［篩選設定］

股票代號	股票名稱	近1日買超	近1日賣超	超額買超（倍數）
6251	定穎	1,000	71	14.1
6163	華上	510	61	8.4
910482	聖馬丁	566	100	5.7
8110	華東	590	120	4.9

▲ 圖15、定穎（6251）

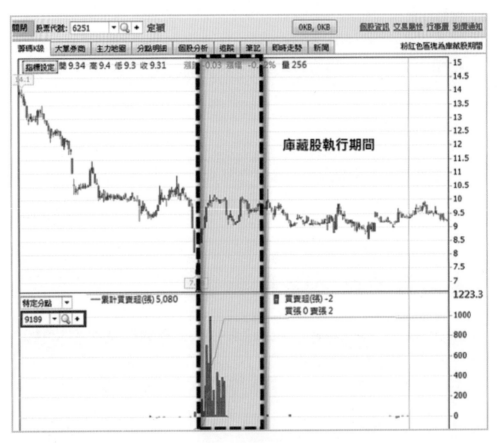

▲ 圖 16、定穎（6251）

❷隔日沖主力介入

　　2015年9月1日所篩選出的昇陽光電（3561）雖然出現超額四倍的買超，但這部分的超額買超，卻是市場中另一派專門「隔日沖」的主力所

為。由於隔日沖主力並不是真正意圖操控或拉抬這一檔股票的作手，他們只是希望賺取一夜的價差，所以這樣的主力也不是我們要搭轎的對象（請參考圖17）。

力券商買超異常　篩選設定

票代號	股票名稱	近1日買超	近1日賣超	超額買超(億
	奕力	1,619	188	
	盛運	555	65	
	昇陽光電	1,492	327	
	宏益	734	102	

▲ 圖17、昇陽光電（3561）

所謂的「隔日沖」主力，市場中最有名的就是「嘉義幫」、「虎尾幫」，所以只要看到分點券商的名稱中有「嘉義」、「虎尾」都可以視為「隔日沖」券商（請參考圖18）。

區間買超15	❓關鍵券商：	區間買超15 ▼	欄
☐	券商名稱	買賣超	
☑	統一-嘉義	1492	
☐	富邦-嘉義	997	
☐	陽信-石牌	98	
☐	永豐金-中和	60	
☐	兆豐-台中	60	
☐	永豐金-員林	56	
☐	統一-台中	56	
☐	永豐金-鳳山	54	
☐	群益金鼎-潭子	50	

區間賣超15	❓關鍵券商：	區間賣超15 ▼	欄
☐	券商名稱	買賣超	
☐	永豐金-信義	-327	
☐	群益金鼎-大安	-222	
☐	統一-內湖	-165	
☐	永豐金-桃園	-151	
☐	宏遠-台中	-144	
☐	新光	-112	
☐	兆豐-桃園	-110	
☐	元大-赤崁	-103	
☐	兆豐-桃鶯	-100	

▲ 圖18

　　除了嘉義、虎尾一帶的券商，可以透過名稱進行辨識外，其他的券商我們就只能透過觀察「分點的歷史買賣超紀錄」來看看這一家分點是否屬於「隔日沖券商」。如果分點的「買賣超」紀錄呈現一天買超、一天賣超，這就表示這一家券商是「隔日沖」券商，請參考下圖19。

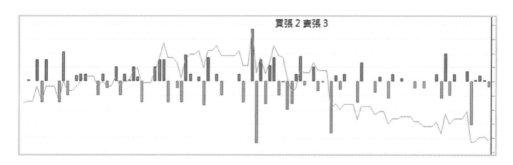

▲ 圖19

❸ 股價已經在高檔時

　　有些時候股價在高檔時，也會出現超額買超情況，這通常都是操盤主力邀約外資、投信或是外圍主力進場鎖籌碼。這是主力間的恐怖遊戲，市場行情好的話，就是共襄盛舉，如果市場行情不好的話，就是變相倒貨。

　　2015年6月26日篩選出來的宜進（1457）當天雖然出現超額七倍的買超量，但回頭往前看，股價在3個月內已經漲幅達70％。此時，就算再強的買盤出現，也都不要急著進場，因為這時的超額買盤比較像是警告訊

號，暗示股價即將拉回或出現震盪整理（請參考下頁圖20、21）。

股票代號	股票名稱	近1日買超	近1日賣超	超額買超(倍數)
1457	宜進	1,402	181	7.7

主力券商買超異常 篩選設定

▲ 圖20、宜進（1457）

▲ 圖21、宜進（1457）

5、操作叮嚀

　　跟著主力操作必須有如履薄冰的心態，畢竟主力拉抬股票的目的最終都是為了出貨，當一檔股票出現「超額買超」時，通常表示主力已經開始動作，此時股價就應該要立刻上漲，如果該漲不漲，通常都不是好現象，這時候最好先退場觀望或換股操作。

策略八：投信買超小型股

1、策略屬性

　　這個策略也是屬於「主力介入」概念的選股策略，表面上雖然只考量「投信」的籌碼動向，但事實上，因為投信基金的交易行為受到主管機關的管理，所以原則上他們所選擇的交易對象都是有一定基本面的股票。所以這個策略是同時兼顧基本面和法人籌碼兩大元素，算是比較穩健的策略，適合所有的投資人。但這個策略不適合極短線交易，比較理想的交易週期約是 2 ～ 10 天。

2、策略概述

　　前面幾個策略都是根據主力的行為特徵來找出可能有「主力介入」的股票，但這個策略我們不用猜測是否有主力介入，因為「投信」本身就是有牌照的主力，我們將根據他們的交易習性來找出有機會的股票。一般來說，投信基金約有八成以上的資金會用於買保守的股票，也就是買大家都會買的股票，這樣可以避免績效落後他人。但如果績效要超越他人，就必須認養尚未被關注的中小型潛力股，或是直接參與主力拉抬的中小型股，這個策略所選出來的股票比較屬於後者。投信既重視基本面且消息面又比我們靈通，所以他們買進的股票通常不會有太大的風險問題。

3、設定說明

步驟一：勾選「基本過濾」中的「市值<10億」這項條件

步驟二：再勾選「法人籌碼」中的「投信買超>500張」這項條件

步驟三：開啟「篩選設定」，調整選股參數如下：

　　　　總市值：小於50億

　　　　統計區間：1日

　　　　買超張數：大於100張

8.投信買超小型股(多)

基本過濾：　市值<10億

　總市值：小於　50　　億

法人籌碼：　投信 買超>500張

　統計區間：最近　1　　天

　買超張數：大於　100

步驟四：儲存至「我的選股（複選）」，取名為「投信買超小型股」。

我的選股（複選）

　10.急漲+爆量(空)

　2.營收成長+買盤集中(11日)

　4.散戶最愛+5日新高(空)

　5.左手換右手(多)

　6.股價急漲+散戶追(空週一)

　7.主力券商買超異常

　8.投信買超小型股(多)

　9.融資暴增+突破成本線

4、選股訣竅

　　這個策略所選出來的股票數量通常都不超過十檔，所以建議直接一檔一檔檢視，越符合下面的條件，就越是適合操作的對象。

　　❶以前都沒買，現在第一次買

　　2015年8月24日所篩選出的崇友（4506）就是最理想的狀況，過去一段時間都沒有任何投信買進，今天卻忽然買進這一檔股票，如果此時股價又不是區間高檔的話，就應該要閉著眼睛趕快買（參考圖22）。

▲ 圖22、崇友（4506）

❷ 過去的進出紀錄，有參考依據

　2015年8月24日所篩選出的台燿（6274），每當投信開始買進時，行情就進入多頭時期，而當投信開始賣出時，股價就開始走跌，請參考下圖23。這表示投信對這一檔股票的掌握度非常高，所以當他們開始買進

時，千萬不要遲疑，趕快買就對了。我們可以清楚的觀察到投信的買法有兩個特點，第一就是不計價向上買，第二就是全程買進，也就是買到反轉的前一天都還在買，總之，千萬別看到最後一根才跟著買。

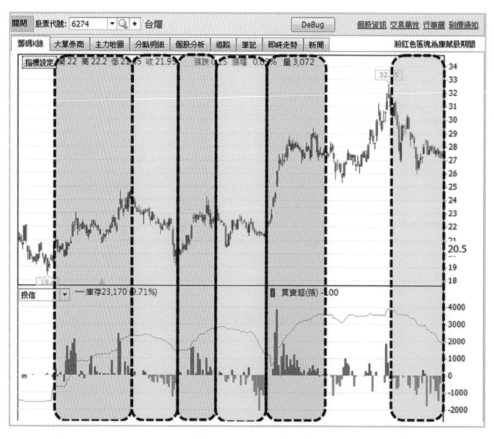

▲ 圖23、台燿（6274）

5、操作叮嚀

　　這個策略最重要的操作原則就是「投信第一根買超出現後，隔日就立刻進場」，運氣好的話，投信可能扮演這一波的主要買盤，就可以立刻享受上漲的快感。如果運氣不好的話，投信也是跟著進場的話，也不用太擔心短期套牢，畢竟投信會買進的股票都有一定的基本面。但如果有下面兩個情況，也要立刻執行停損，第一，當股價回檔接近15％時，因為投信的風控點大約是15％，如果虧損超過這個幅度，投信砍股票也是不計價在砍的，所以盡可能賣在他們砍股票之前。第二，當接近季底時，投信會開始處分上不了檯面的小型股，因為每季底投信需要公開持股，為了避免不必要的麻煩，只要會讓人閒言閒語的問題股，統統都會出清。

策略九：融資帶量突破成本線

1、策略屬性

　　這個策略也是屬於「主力介入」概念的選股策略，這次從融資行為異常的角度去推斷是否有主力介入。策略只考量融資變化與融資成本這兩項因素，嚴格說起來，也是比較投機型的短線策略，但由於策略本身採用了

「突破融資成本線」的概念，這一條線將是很好的保護線，一方面可以確保我們買進的價位與主力相當，另一方面可以作為停損的參考。這個策略雖投機，卻適合所有投資人，不過操作週期還是以短線為主，也就是 3 ～ 5 天左右。

2、策略概述

　　講到「融資」，大部分的投資人都會認為這是「散戶指標」。的確，對大型股來說融資行為確實是代表「散戶行為」，但對於中小型股來說，就不見得是如此，事實上很多的主力都會透過融資來進行股票炒作。因為使用融資有很多的好處，例如：可以擴大資金規模、可以提高其他主力介入的門檻、可以創造融券額度、可以當沖、可以左手換右手…等等。除此之外，願意使用融資炒作的主力，更代表他們對這檔股票的掌握度很高，因為勝算高，所以更值得擴大資金規模來操作。

　　要搭上「融資型主力」的炒股列車並不難，在前面我們有提到主力在第二階段拉抬期，會透過各式各樣的訊號來提醒市場投資人快進場，其中「融資暴增」就是「融資型主力」要透露給我們的訊號。

3、設定說明

步驟一：勾選「融資、當沖」中的「融資近20日暴增10％」這項條件

步驟二：再勾選「融資、當沖」中的「突破融資成本線」這項條件

步驟三：開啟「篩選設定」，調整選股參數如下：

統計區間：最近20天

融資暴增％：大於5％

融資張數增加：500張

股價：大於15元

步驟四：儲存至「我的選股（複選）」，取名為「融資暴增＋突破成本線」。

4、選股訣竅

　　這個策略所選出來的股票數量大概是全部策略中最少的，甚至會有很長一段時間選不出任何股票。但這並不是壞事，如果選不出股票，可能是下列兩個原因之一：

第一，因為策略中有一項條件「突破融資成本線」，這是構成選
　　　股數量很少的主因，但有了這個條件可以確保我們進場的
　　　點位與主力成本相當。

第二，通常代表大環境處於空頭時期，所以此時也不適合作多。

　雖然選出來的股票已經很少，但也不是檔檔精華，我們還是要檢視看
看下列數據與情況。

　❶ 融資使用率越高越好
　既然是融資型的主力，融資餘額越高代表信心越滿。一般來說，如果
融資餘額使用率還不到20％的話，我們就不會視為「有主力介入」。如
果融資餘額使用率超過40％，就比較有可能真的有「融資型主力介入」，
後續也比較有機會出現急漲的行情。

　❷ 了解主力過去的融資行為
　有些主力的操作習性會很忠實的反映在交易紀錄上，就例如2015年3
月11日選出的穆拉德（4109）就可以很明顯看得出主力的操作習性。主
力的操作習性與我們預期的情況完全相反，所以還是要順著主力的操作習
性，才能提高交易勝算（參考圖24）。

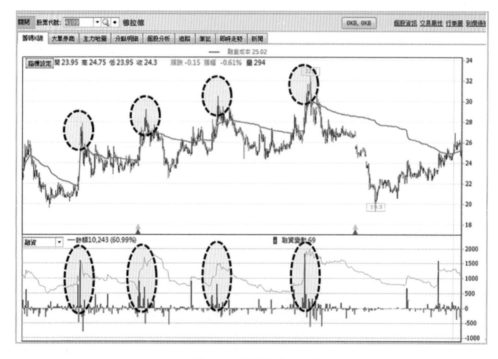

▲ 圖 24、穆拉德（4109）

❸ 紅棒突破融資成本線

　　股價雖然突破融資成本線，但並不是每一種情況都適合買進。如果在突破之前，股價就一直糾結在融資成本線附近，這樣的突破通常都不是主力的訊號，所以就算突破後有上漲，漲幅也都有限，而且很快的又會被打回原形，所以最好要避開，請參考下圖 25 和 26。

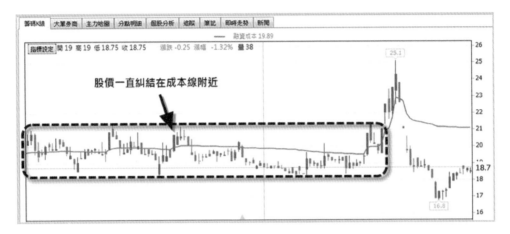

▲ 圖25、矽瑪（3511）

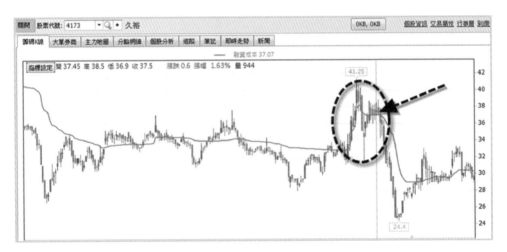

▲ 圖26、久裕（4173）

　　另一種，是很乾脆的用長紅棒突破融資成本線，或是紅K棒直接站上成本線。這種走勢比較有可能是「融資型主力」的作為，後續真的出現大幅上漲的機會也比較大。例如2015年3月12日選出的淘帝-KY（2929）就是屬於長紅棒突破融資成本線，突破之後股價就直線向上（請參考下圖27）。

▲ 圖27、淘帝-KY（2929）

❹不適合買進的情況

如果股價已經有相當漲幅了，後續卻還出現紅棒突破融資成本線，這時千萬別貿然進場，畢竟要再出現100％漲幅的機會是相當小的，所以像這樣的股票也必須捨棄（請參考下圖28）。

▲ 圖28、矽瑪（3511）

5、操作叮嚀

　　有人說「掌握主力成本」就能立於不敗之地，這個策略所引用的「融資成本線」也可以解讀為「主力成本線」，這是所有策略中唯一能夠跟主力站在同一個起跑點的策略。有了這一條線，對於我們進行交易規劃是非常有幫助的，在進場初期，可以設定成本線以下5～10%為停損點，而股價上漲之後，則可以直接將成本線設定為動態停利點。

策略十：急漲＋爆量

1、策略屬性

　　這個策略既不是「籌碼集中概念」，也不是「主力介入概念」，而是根據「市場的行為特徵」所設計的作空策略。這是標準的逆勢策略，也就是必須在股價漲勢最凌厲的時候進場逆勢操作，這可能不是每一個投資人都敢這麼做，所以這個策略原則上比較適合投資老手。一般來說，逆勢策略原則上只適合短天期的策略，但這個策略所選出來的股票卻是可以進行長天期的操作，也就是可以持有20天以上。

2、策略概述

　　再強的股票都會有回檔的時候，股價不可能無止盡的一直向上漲，最終會有漲勢結束要拉回的時候。當頭部要出現時，通常都會有這兩大特徵，第一就是突如其來的急漲，第二就是爆大量，所以只要出現這兩大特徵的股票，通常就是即將做頭的股票，也就是我們進場放空的時候。

3、設定說明

步驟一：勾選「漲跌幅」中的「近20日漲幅>20%」這項條件

步驟二：再勾選「成交量」中的「成交量創60日新高」這項條件

> ▶ 📁 我的選股（複選）
> ▶ 📁 我的選股（單選）
> ▶ 📁 分點籌碼
> ▶ 📁 法人籌碼
> ▶ 📁 內部人、持股大戶
> ▶ 📁 融資、當沖
> ▶ 📁 漲跌幅
> ◢ 📁 成交量
> ☐ 📈 成交量>5日均量的3倍
> ☑ 📈 成交量創60日新高
> ☐ 📈 成交量排名前30(股本小於50億)
> ☐ 📈 60天成交量周轉率<50%
> ☐ 📈 60天成交量周轉率>50%

步驟三：開啟「篩選設定」，調整選股參數如下：

　　創N日大量：60日

　　成交量門檻：大於1000張

　　統計區間：最近20天

　　區間漲幅％：大於20％

> ## 10.急漲＋爆量(空)
> 成交量：成交量創60日新高
> 創N日天大量：60 ▼ 日
> 成交量門檻：大於 1000 ▼ 張
> 漲跌幅：近20日漲幅 >20%
> 統計區間：最近 20 ▼ 天
> 區間漲幅%：大於 20 ▼ %

步驟四：儲存至「我的選股（複選）」，取名為「急漲＋爆量（空）」。

4、選股訣竅

　　這個策略所選出來的股票數量也都是個位數，原則上只要可以融券放空的標的都應該進場操作。如果一次只想挑一檔操作的話，可以參考下列的選股方向。

❶ 漲幅越大越好

　　既然要放空股票，當然選擇區間漲幅最大的股票來操作。過去我曾經做過一個研究「放空什麼樣的股票才會賺錢」？一開始當然都是從財務有問題的公司開始研究，但最後我的研究心得，居然是「必須先有超額漲幅，才有機會創造下跌的獲利空間」。所以放空爛股票是不容易獲利的，放空要獲利就必須放空超漲的股票。

❷ 市值越大越好

　　前面我們在找尋「主力介入」的股票，通常都會選擇市值小的公司來

操作，因為市值越小的股票主力就越有能力操控。但這一次我們是要逆勢放空強勢股，所以當然要選擇主力不容易操控的股票才比較安全。

❸ 信評越差越好

前面第一點提到，如果放空股票想要賺錢，就必須選擇超漲的股票來操作。所謂「超漲」的股票，背後的意涵是指「股票價格遠超過股票價值」，所以當一家公司的信評很差，可是股價卻出現異常的飆漲，就是所謂的「超漲」，這樣的股票在主力激情的炒作之後，終究必須回歸到現實。

5、操作叮嚀

這個策略是我所採用的逆勢策略中勝算最高的一個策略，這看起來很簡單，事後看也覺得很管用，但執行起來真的需要很多的勇氣。要克服不敢進場的問題，最好的解決辦法就是先要有明確的交易規則，我從歷史的數據中找出了下列三項規則提供給大家參考。

第一項規則就是「停損10％」，這個策略所選出來的股票中約有兩到三成的股票，並不如我們預期會反轉向下，反而是一直逆勢上漲，所以只要是讓我們虧損達10％的股票，通常就代表我們選錯股了。

第二項規則就是「3日內不破5日均線就出場」，從歷史數據中觀察到，如果是一檔對的股票通常隔日開高後就會開始走跌，如果真的在第四天都還沒有跌破5日均線，就要提防主力換手後再上攻的可能，所以要先出場觀望比較好。

第三項「至少等到跌破20日均線再出場」，如果很幸運的空到對的股票，也就是真的反轉做頭的股票，此時千萬要有耐心等到股價跌破20日均線再出場，這通常都有10～20％的利潤空間。

穩賺不賠的選股策略

關於選股策略，大家最基本的期許就是「選出會漲的股票」，大家都希望今天選出來的股票，明天就會立刻飆漲，因此有很多投資人對於所謂的「選股策略」有不切實際的幻想，奢望可以找到一招穩賺不賠的選股聖杯。

因為工作的關係，我接觸過很多成功的職業投資人，也意外的發現了

他們穩賺不賠的選股秘密。

秘密一，他們絕對沒有找到別人不知道的選股聖杯。

秘密二，他們比其他投資人更積極尋找每一種可能賺錢的交易機會。

秘密三，他們絕對不只有單一招的選股方法。

秘密四，選股策略的勝率只需 50%，就值得出手。

秘密五，確實執行每一次的交易機會。

這些成功的職業投資人他們選擇自己喜歡的交易類型與擅長的投資工具，透過多種策略、多次交易來確保他們的交易勝率會超過 50%。他們並不會因為一、兩次的交易產生虧損而認為這個方法不可靠，因為他們很清楚知道勝率的概念，並不是一、兩筆交易就可以論斷，而是必須累積很多筆交易後才會正確的反映出來。他們並沒有神秘的選股聖杯，但他們有一套長期穩賺不賠的運作模式，就是積極的從多個選股方法中找出勝率 50% 以上的交易機會，並且長期確實執行，這正是職業投資人在市場上獲利的秘訣。

Chapter

3

看懂主力籌碼動向
投資績效提升100%

透過選股策略選出來的股票，通常都只有在特定面向符合期待，還需要進行「主力籌碼分析」來做最後的判斷，這是提高交易勝算的重要步驟。

上一章的內容是協助我們將觀察到的籌碼資訊和股價行為轉換成選股策略，透過選股策略我們可以有系統且快速的找出條件雷同的股票，大幅節省我們尋找股票的時間。在前一章，介紹了10個我會用的選股策略，這些策略也都是從過去的交易經驗中所觀察出來的結果，透過這些條件的篩選，可以更快速的找出適合作多或放空的股票。但選股策略畢竟是一套死板板的選股規則，選出來的股票通常都只有在特定面向符合我們的期待，若要選出高勝率的股票，除了參考前一章「選股訣竅」外，本章進行的「主力籌碼分析」也是提高交易勝算的重要步驟。

「主力籌碼分析」對股市投資人來說是相當重要的一件事情，特別是喜歡看新聞、聽消息作股票的投資人，如果懂得「主力籌碼分析」就有能力識破新聞、消息的真偽。畢竟手握籌碼或是掌握內線的主力、大戶，他們的行為最後還是會反映在股票的買賣上，所以「主力籌碼分析」能夠幫我們掌握主力、大戶的真實動向，也難怪有人會說「籌碼」是小散戶最佳的「內線」來源。

接下來，就讓我們一起透過「主力籌碼分析」進一步掌握主力、大戶

的真實動向。

本章節「主力籌碼分析」分成下列四步驟：

步驟一：趨勢分析

步驟二：集中度分析

步驟三：傳統籌碼分析

步驟四：券商分點分析

步驟一：趨勢分析

主力籌碼分析的第一步居然是「趨勢分析」，這個步驟雖然沒有直接跟「籌碼」相關，但這跟「主力、大戶」的行為卻是息息相關的。「主力、大戶」都是市場中的老手，當然懂得「順勢而為」這個簡單的道理，絕不會笨到逆勢操作，因此先確認趨勢方向，可以說是最重要的一件事情。

要確認「趨勢」方向，除了透過「技術面」的方法之外，我也會順便查驗「基本面」的狀況。畢竟股價的核心價值還是來自於基本面的變化，如果「基本面」出了問題，主力還是很難逆勢而為。

在籌碼 K 線中，我們可以透過下列兩項指標來進行「技術面」的趨勢

確認。

1、多空趨勢線

　　大家可以從「副圖」的「指標清單」中找到「多空趨勢線」指標，請參考下圖。

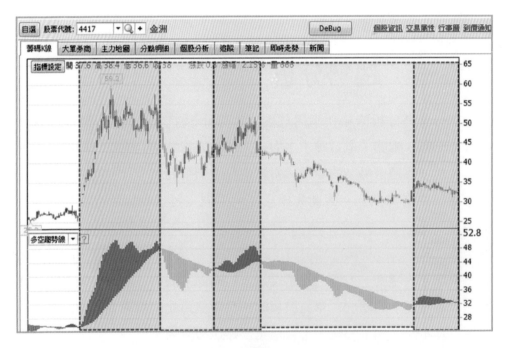

▲ 圖1

所謂的「多空趨勢線」實際上就是兩條均線的變形，改用比較容易觀察的方式呈現。當「多空趨勢線」呈現「紅棒」時，就表示個股是多頭走勢。當「多空趨勢線」呈現「綠棒」時，就表示個股進入空頭走勢。這項指標看起來很神奇，似乎可以精準的掌握多空轉折點，但這是因為圖型被壓縮後所產生的錯覺，如果放大來看就可以清楚的看到還是會落後 1 ～ 3 天，一般均線有的缺點，這個指標也都有。

我在實務應用上，並不會將這個指標當成抓轉折點的工具，一般我使用這項指標的主要目的是用來確認個股趨勢是否與我要進行的交易方向一致？趨勢是否還對我有利？

舉例來說，當我要作多個股的時候，如果「多空趨勢線」出現下列情況時，我就不會勉強出手，或者應該會降低投資比重。

❶「多空趨勢線」呈現「綠棒」

關於這一點應該不用多做說明，當市場告訴我們現在是空頭走勢，我就不應該進場去作多，逆勢操作通常是投資失敗的主因之一，所以一定要避免。

❷「多頭」向「趨勢線」收斂

所謂的「收斂」就是指多頭氣勢已經出現竭盡的狀況，請參考下圖。當多頭的紅棒越變越短就是多頭氣勢轉弱，此時就不宜太樂觀，操作應該轉向保守。

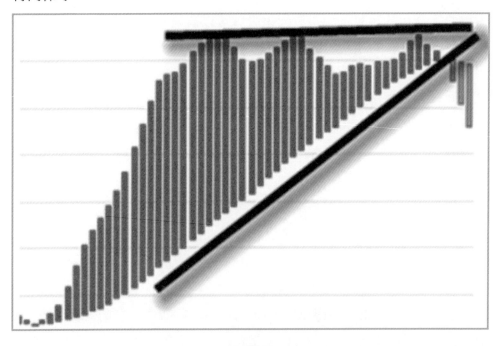

▲ 圖2

前面這個例子是從「交易前」的觀點來看，如果我已經持有部位的話，則當「多頭」向「趨勢線」收斂時，我就會開始減碼，而當「多空趨

勢線」呈現「綠棒」時，就會盡可能出清手中所有部位。

2、分價量統計

所謂的「分價量統計」就是依每一個價格分別統計成交的張數。我們可以知道某一個價格區間的總成交張數，請參考下圖，例如這一檔股票在52.57元～54.1元之間一共有18470張。

▲ 圖3

「分價量統計」是用來觀察「支撐」與「壓力」的重要指標。「支

撐」與「壓力」互為一體兩面，突破前是「壓力」，突破後就變「支撐」，這個點位通常就是「最大成交量」所堆積出來的價格。當大量交易集結在某個價位時，就代表市場在這個價位上出現了「多空」看法分歧，而這往往就是影響趨勢發展的關鍵價格，所以我們必須清楚掌握「最大成交量」的價位，這將可以協助我們更有效的進行交易規劃。

　　我們可以在「籌碼 K 線」中的「K 線」這個頁籤裡找到這項功能。進入「K 線」後，請點選「分價量統計」，系統就會根據這段區間的成交價格分拆成20個價格區間來進行「分價量統計」（參考圖4）。

▲ 圖4

　　一般來說，如果我們是在「交易前」進行評估，建議至少要選擇6個月以上的觀察區間。如果統計結果所顯示的「最大量成交價」在我們要進場的價位之上，則「最大量成交價」就是潛在的壓力區。這時我會從「進場價」之下去找出另一個「最大量成交價」，也就是找出下檔「支撐」的價位，掌握上檔「壓力」與下檔「支撐」，我們就可以評估進場後所要承擔的利潤風險比例，這個比例最少要是兩倍以上。相關計算，請參考下圖

5 範例說明。

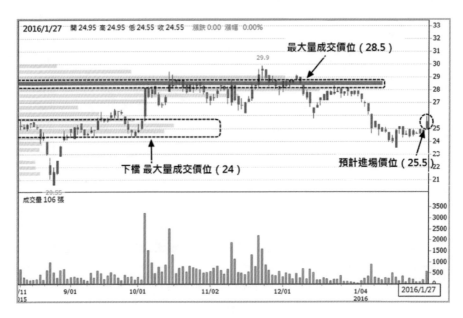

▲ 圖5

最大量成交價位：28.5

預計進場價位：25.5

下檔最大量成交價位：24

上檔預期獲利空間：11.76＝（28.5-25.5）/25.5

下檔預期虧損空間：5.88＝（25.5-24）/25.5

預期利潤風險比：2＝11.76/5.88

　　這個範例所計算出來的結果剛好是2，也就是值得參與交易。如果低於這個比例，最好捨棄這樣的交易機會。

　　接著我們繼續看下圖6，當我們進場後股價突破了原本的壓力區28.5，這時我們就可以將原本的下檔停損參考點24，往上提到原本的壓力區28.5，也就是當股價跌回至28.5時，就該全部停利出場。

▲ 圖6

　　接著繼續看下圖7，我們往上觀察價格，並沒有看到明顯的大量區，這時我們可以再將統計區間調整到最大區間3年。這時我們可以看到新的大量成交價格40.2，我們再根據這個價格重新計算利潤風險比，當利潤風險比已經小於1時，就可以考慮分批出場了。

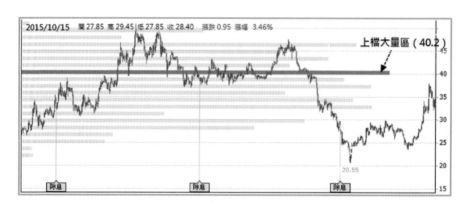

▲ 圖7

　　另外，提醒大家關於「分價量統計」除了「籌碼K線」以外，其他的看盤軟體所計算的資料都不是真正的「分價量統計」，因為他們都是取用當日的收盤價來進行統計，而不是取用日內的每一筆成交價來進行統計。平時可能沒有很大的影響，但如果出現暴量長紅或長黑之後，就會很明顯的影響到我們的交易判斷，這點要特別留意。

　　在「趨勢分析」的最後，我通常也都會順便查看這一檔股票目前基本面的狀況，大家可以在「籌碼K線」這個頁籤的右側找到有關基本面的重要指標。這其中「營收成長率」是最重要的基本面數據，除了看最新的數據外，我也會從副圖指標中查看「營收成長率」與「股價」的關係（參考圖8）。

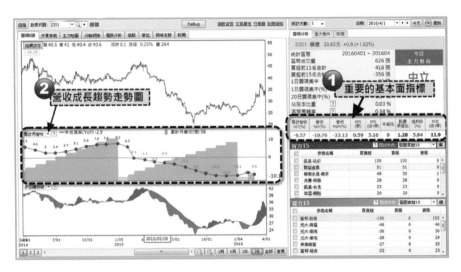

▲ 圖8

　　查看這些基本面數據，觀察的重點是看看有沒有太意外的情況，這些數據的結果並不會影響我參與交易的意願，但我會根據觀察結果調整投資比重。舉例來說，當我要作多個股的時候，這檔股票的營收成長率卻大幅衰退，這時我就會降低原本要投資的比重，而同樣要作多的情況，這檔股票的本益比低於10，殖利率則大於7％，這時我會考慮增加投資比重，或者會願意延長原本預計的操作週期。相反的，當我要放空一檔股票，但這一檔股票營收成長率是兩位數成長，這時我就會減少原本要放空的比重。

步驟二：集中度分析

　　籌碼集中度可說是個股分析中最重要的一環，這攸關我們是不是站在有利的一方，也就是我們所要買的股票是不是具備「易漲難跌」的優勢。在正式開始介紹前，先跟大家釐清一下關於「易漲難跌」的定義。

籌碼集中股真的易漲難跌？

　　雖然我一直說「籌碼集中」的股票具有「易漲難跌」的特性，嚴格來說，這樣的說法並不正確，甚至有誤導的可能。一般投資人很容易解讀成「只會漲、不會跌」，但天下沒有這麼棒的股票。有經驗的投資人都知道，多頭行情中，再爛的股票都會漲，反正就是雞犬升天。以 2009 ～ 2010 年這一波多頭為例，大盤漲了一倍，當年度有 80% 的股票漲幅超過一倍，其中更有 50% 的股票漲幅超過兩倍。而空頭行情中，再好的股票都會跌，也就是樹倒猢猻散。所以股市的多空頭行情才是真正決定股價漲跌方向的主要勢力，在多頭行情中，不論籌碼多麼分散也都可能成為飆股，而空頭行情中，不論籌碼多麼集中也都難逃下跌的命運。

　　那為什麼我們會說「籌碼集中的股票有易漲難跌的特性」？這裡的「易漲」指的是相較籌碼分散的股票來說，選擇籌碼集中股比較容易選到會上漲的股票，也就是勝率比較高。而「難跌」指的是跌幅相對籌碼分

散的股票來說，籌碼集中股跌幅會比較小。舉例來說，這一波多頭行情從2014年10月16日走到2015年4月30日，籌碼集中股與籌碼分散股各自的平均報酬率均為11％，但籌碼集中股的勝率為75％，而籌碼分散股的勝率為58％。多頭行情中沒有明顯的證據顯示籌碼集中股的報酬率一定比籌碼分散股的報酬率好，但勝率方面則有明顯的差異。也就是如果我們專注從籌碼集中股當中選擇股票，有75％的機率會選到上漲的股票，但如果是從籌碼分散股當中選擇的話，就只剩下58％的機率了。至於空頭行情，統計2015年4月30日到2015年8月17日這一段時間的資料，籌碼集中股的平均報酬率為-11％，勝率為15％，而籌碼分散股的平均報酬率為-25％，勝率為5％。籌碼集中股的報酬率雖然也難敵大環境走空的影響而呈現負報酬，但相對抗跌的程度足足是籌碼分散股的兩倍。無論是平均報酬率或勝率，籌碼集中股都有顯著的優勢。簡單來說，籌碼集中股不是保證一定會漲，但卻可以提高勝率，下跌時還是會跌，但跌幅相對較小，所以我說的「易漲難跌」，嚴謹的來說是指**「容易選到會漲的股票，而且下跌時也相對抗跌」**。

要分析一檔股票籌碼是否集中，我們通常無法單看某一項指標，就能得到客觀的判斷。舉例來說，有些家族企業的持股都相當集中，但這些籌碼卻都是不流通的籌碼，所以就算我們從「內部人持股」這項指標中察覺這間公司的內部人持股高達80％，其實用處也不大。類似這樣的公司我們就必須透過更多的指標來掌握籌碼真實的動向。一般來說，我會使用下

列4個指標來分析一檔股票的籌碼是否集中、是否穩定。

　　1、內部人持股

　　2、大戶、散戶持股與集保戶數

　　3、主力買賣超、買賣家數差

　　4、籌碼集中度

　　第一個指標是從持有人的身分來評估籌碼穩定度，第二個指標是從持有張數多寡來觀察籌碼流向與穩定度，剩下的兩個指標則是利用「券商分點買賣數據」所統計出來的「主力指標」，這是市場中唯一可以用來衡量主力動向的指標。

1、內部人持股

　　所謂的「內部人」是指能夠掌握或掌管一家公司營運的重要人士。根據主管機關所定義的內部人包含公司之董事、監察人、經理人及持有股份超過股份總額百分之十之股東，也包括其配偶、未成年子女及利用他人名義持有者。

　　很多的投資人都認為內部人因為可以掌握內線消息，所以只要跟著內部人買股票，就可大大提高勝算，但實務經驗卻完全不是這麼回事，內部

人買股票完全不適合作為短線交易的參考。理由很簡單，在主管機關的監督下，大概沒有人會笨到大刺刺的買入股票並涉嫌內線交易。但內部人賣股票的時候就得要特別留意，特別是股價在高檔的時候，這通常都可能是行情反轉的前兆。當股價出現非理性的上漲時，聰明的內部人當然要趁機賣一點股票，請參考下圖9。

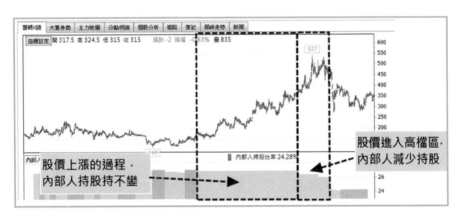

▲ 圖9、網家（8044）

但如果內部人是在股價低檔的時候賣股票，這可能不是警訊反而是買訊。很多高報酬的交易機會都可以看到內部人不買反賣，事實上，內部人賣股票只是將股票轉賣給不受監管的自己人，或者是藉由將籌碼賣出來分配未來的利益。總之，在股價低檔時賣股票的傻瓜肯定不會被懷疑是內線交易者，請參考下圖10範例。

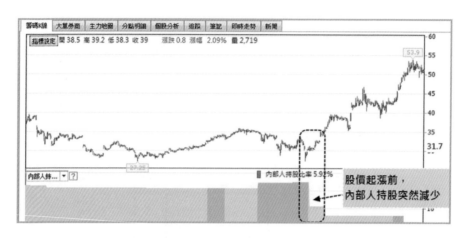

▲ 圖 10、漢唐（2404）

　　內部人的交易活動畢竟受到主管機關的監督，所以絕大部分的時候都不會隱含方向性的預測效果。我參考內部人這項指標主要的目的是希望評估一檔股票的**籌碼穩定程度**，以及看看籌碼是否屬於異常的狀態。如果內部人持股低於 5％或高於 60％，對我來說就屬於非常異常的情況。這兩類型的公司都不是理想的交易對象。低於 5％的公司，代表內部人可以用少數股權就掌握一家公司的營運，這樣的公司存在著高度的道德風險，除非你追求的是投機股，否則應該要避開這類型的股票。而內部人高持股也未必是好事，當一檔股票的內部人持股太高時，反而會讓這檔股票的流動性變差，降低市場投機者的參與意願，市場的投機者都是精明的，有誰願意進場為內部人拉抬，並且成為內部人的出貨對象呢？不僅如此，換個角度來看，內部人持股很多時，只要好好經營公司賺取盈餘分潤就好了，又何

必炒股呢？除了上述兩個極端情況外，介於中間的部分，原則上比重越高代表籌碼越穩定。我一般會選擇20％～60％之間的公司來作為交易的對象。如果低於20％的話，就不具備籌碼穩定的優勢，而高於40％的話，則可以視為具備籌碼穩定的優勢。

2、大戶、散戶持股與集保戶數

　　在散戶心中，「大戶」永遠是個謎，「大戶」有一種神秘的吸引力，會讓大家想辦法去找尋大戶的消息。但所有的消息都沒有集保中心所公布的「集保股權分散表」來得直接，在這項數據中可以輕易的查出持股超過1000張以上的大戶所持有的股票張數。也就是主管機關每週都會直接公布大戶目前的持股水位與持股變化，這項指標是籌碼分析初學者一定要掌握的重要數據。有很多媒體、老師都很喜歡使用這項指標來說故事，或是引用這個數據來當作主力進出的佐證。這項數據比「內部人持股比率」更吸引人，因為所謂的「大戶」，如果他們不是內部人的話，就代表他們所進行的任何交易活動都不需要向主管機關進行事前、事後申報，也就是他們的交易活動是相當自由的。這些持有大量股票、又不受限制的大戶，他們的一舉一動絕對是牽動股價走勢的重要因素。

　　在籌碼K線中，大家可以從副圖指標中找到「大戶持股比率」、「散戶持股比率」，我個人會將這一組設定在第二個副圖群組中，方便日後查詢，請參考下圖11。

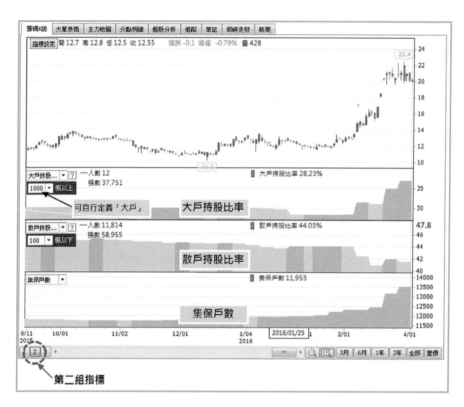

▲ 圖11、東捷（8064）

籌碼K線中的大戶、散戶預設的定義如下：

大戶持股比率：持有**1000**張以上股東的持股合計 **/** 股本（張數）

散戶持股比率：持有**100**張以下股東的持股合計 **/** 股本（張數）

註：**100**張以下的定義，包含零股持有人。

　　觀察這項指標，主要的用途是避免介入籌碼太分散的股票。絕大部分的情況，只需要觀察大戶持股比率就可以了解一檔股票的大戶籌碼屬於集中還是分散。從統計數據來看，我們可以用40％作為基本門檻值，40％以下屬於籌碼相對分散的一群，也就是籌碼體質先天不良的一群。台股有三分之二以上的股票，其「千張大戶持股比率」都是超過40％以上，也就是絕大部分的股票有40％以上的股份都是集中在少數的大戶身上。

　　籌碼越集中，股價就容易受到操控。所以若沒有特殊的消息支持，建議就先捨棄「千張大戶持股比率」小於40％的股票。而40％以上的股票，也不是比率越高上漲機率就越高。實務上，沒有明顯的證據顯示大戶持股比重越高越好。舉例來說，有極少數的公司大戶持股比重高達90％以上，而且持有人數只有個位數，像這樣籌碼異常集中的股票，卻都是出了問題的公司。所以我一般會選擇**大戶持股介於40％～80％之間，而持有人數最好少於50人的公司。**

　　在看這項指標的時候，還有一件重要的事情需要事前確認，就是要先將這項指標與「內部人持股比率」、「外資持股」進行比對，看看所謂的千張大戶是否就是這兩類持有人。雖然我們無法百分之百確認，但還是可以藉由一起比對的方式來觀察。「千張大戶」一定會包含部分的「內部人」，如果「內部人持股比率」大於「千張大戶持股比率」，或是兩者數據很接近的話，我們就可以判定這些大戶實際上就是內部人，此時分析的

重點就可以參考前一節所介紹的「內部人持股」。下圖12就是內部人持股大於大戶持股的範例圖。

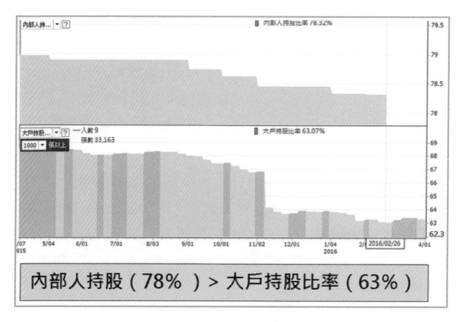

▲ 圖12、弘帆（8433）

　　如果「大戶持股比率」和「外資持股比率」很相近，那就直接觀察外資持股。因為千張大戶是每週揭露，而外資持股是每日揭露，所以直接觀察外資持股更能夠即時掌握大戶動態。下圖13外資已經連續賣了5天之後，持股大戶才會在下週一公布大戶賣出的事實。

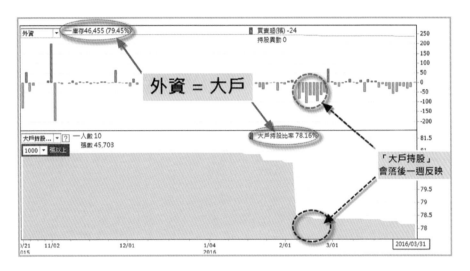

▲ 圖 13、佐登-KY（4190）

　　除了上述的兩種情況之外，大部分的情況下，我們並無法確實知道大戶到底是誰？但這並不影響我們的分析，因為不知名的大戶持股比重越高的公司，就越有可能是市場主力介入，只要這群不知名的大戶人數不要太多，最好是少於 50 人。

　　除了觀察大戶目前的持股水位外，大戶近期的持股增減變化也是分析的重點。**很多人都很直覺的認為大戶持股持續增加就是代表主力進場，所以股價就會繼續上漲；而大戶持股持續減少就是主力出場，所以股價就會出現下跌。這樣的看法並不正確，根據實務的觀察，一檔股票會上漲，大**

部分的情況都是由大戶所推動的，也就是由大戶所買上去的，所以上漲與大戶買進可說是同步發生，只要大戶不買，股價就不漲，除非預期大戶在未來還會持續的買進，否則大戶進場並不代表後續就一定還會繼續上漲。

因此，當我觀察到大戶增加持股，股價正在上漲，我只會選擇尊重大戶，也就是絕對不逆勢操作。但如果有下列兩種情況，我才會進行同向操作。

第一、股價目前處在一年的低檔區，大戶出現連續增加持股的狀況，而且近期的漲幅還沒有超過30％。請參考下圖14範例。

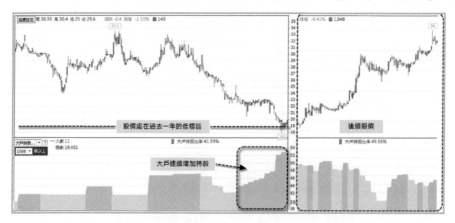

▲ 圖14、和勤（1586）

第二、目前股價處在一年的高檔區，大戶出現連續減少持股的狀況，而且這一波股價漲幅已經超過100％。請參考下圖15範例。

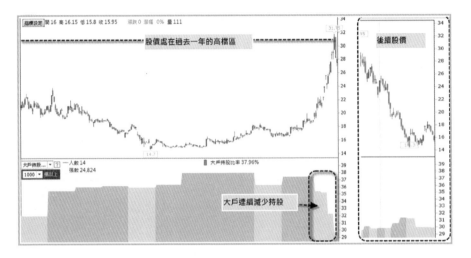

指標設定　開 16　高 16.15　低 15.8　收 15.95　漲跌 0　振幅 0%　量 111

股價處在過去一年的高檔區

31.75

後續股價

大戶持股...▼　?　一人數 14　　大戶持股比率 37.96%
1000 ▼ 張以上　總計 24,824

大戶連續減少持股

▲ 圖 15、雙邦（6506）

最後，有兩點在使用上需要特別注意的地方，提醒大家。

第一點，這項數據是採用分級統計，結果會因為級距的變動導致持股比重大幅躍升或下降。舉例來說，有甲、乙兩位大戶各持股1000張，假設合計持股比重為20％，今天甲大戶賣出一張後，他的持股變成999張，而大戶的統計門檻是符合1000張才列入統計，所以甲大戶已經不符合大戶的定義，大戶的持股比重瞬間降為10％。因為賣了一張股票，但大家卻誤認為大戶賣了1000張，所以持股比重下降為10％。當大戶持股下降時，我會透過觀察散戶持股增加的幅度來確認大戶持股變動的真實情況，舉例來說，大戶持股下降10％，但散戶持股卻只上升1％。表示並不是真正的出貨。

　　一般情況下，我不常觀察散戶持股比重，除了上述的情況之外，還有當大戶持股比重超過80％時，我也會觀察散戶持股比重的變化來分辨籌碼的集中與分散。有些籌碼相當集中的股票，大戶的部位幾乎不太會有動作，所以股價的變動就掌控在散戶的手裡，當散戶持股比重增加時股價就上漲，當散戶持股比重減少時股價就下跌。

　　第二點，籌碼K線中的座標軸是採取浮動的方式呈現，所以大家可能很習慣看到階梯型的上漲就認為大戶買進，但請別忽略實際數字的變化。很多時候，圖形顯示雖然呈現上漲，看起來好像買很多，但實際數據變化可能只是微幅增加不到1％，要細心確認一下。

3、主力買賣超、買賣家數差

　　主力是股票市場中最神秘的角色，大家都喜歡講「主力」，但卻沒有人能說清楚主力的定義。前一節，我們根據「持股張數」定義了所謂的「大戶」，而這一節，我們將利用「交易張數」來定義「主力」。

　　如果我們對主力的認知是能夠影響股價走勢的人，那麼交易張數越多的人，就越有可能是主力，畢竟交易量越大的投資人對股價的走勢就越有影響力。至於主力是站在多方還是空方，就要看多方主力買得多？還是空方主力賣得多？

舉個簡單的例子來說，我們從買進的那一堆人當中找出買最多的前15個人，再將他們買進的股票加總，假設他們共買進了750張，我們將這群人定義為「多方主力」。同樣的，我們也從賣出的那一堆人當中找出賣出最多的前15個人，再將他們賣出的股票加總，假設他們共賣出了500張，這群人則定義為「空方主力」。現在我們將買進的750張減掉賣出的500張，這代表買最多的前15名（多方主力），額外多吸收了市場中的250張賣單（非前15名的空方主力所釋出的籌碼）。透過這個簡單的統計概念，我們可以推測出今天的籌碼趨向集中。

相反的，如果今天買方前15名買進了500張，賣方的前15名賣出了750張，則代表少數的賣方（前15名）釋出額外的250張籌碼，讓市場的散戶買進（非前15名的買方），這就代表籌碼趨向分散。

不過真實的情況是，我們並無法取得所謂的買最多或賣最多的前15個人，目前市場的做法是選擇「券商分點」代替，也就是將每一家「券商分點」當作一個人來看待。目前全國證券分公司約有1000家，所以就是從這1000家證券公司當中，找出當日買超最多的前15家券商與賣超最多的前15家券商來進行統計。

在籌碼K線中，右上方的「主力動向」就是「多方主力減空方主力」

後的「主力買賣超張數」。右下方的「買方15」與「賣方15」就分別是
「多方主力明細」與「空方主力明細」。而在左側副圖指標中也可以找到
「主力買賣超」這項指標，請參考下圖。

❶「主力買賣超」的定義

　「每日買超前15名的券商買超合計」減「每日賣超前15名的
　券商賣超合計」。

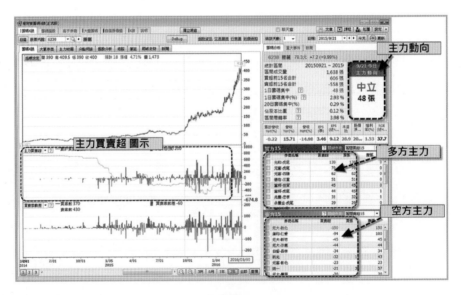

▲ 圖 16

可能有人會問，為什麼只取前15名，而不取全部的券商呢？因為全部券商所買進的股票一定等於全部券商所賣出的股票。畢竟一筆成交量，是一買一賣所構成的，所以取全部反而沒有任何意義，我們只需要取交易量最大的前15名就足夠用來判斷這一檔股票的主力動向。

「主力買賣超」這個指標是用來記錄與衡量每日的主力買賣力道，我們一般不會只看一兩天的「主力買賣超」資料就進行判斷，除非你是當沖、隔日沖的操作者。

我們通常會觀察「區間累計買賣超」 曲線來了解主力動向。正常情況下，這項指標與股價走勢呈現高度正相關，也就是股價上漲時，當天多方主力的買超會大於空方主力的賣超；而股價下跌時，當天空方主力的賣超會大於多方主力的買超，請參考下面兩張圖17、18。

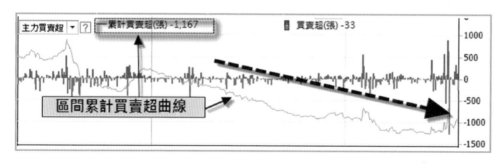

▲ 圖17

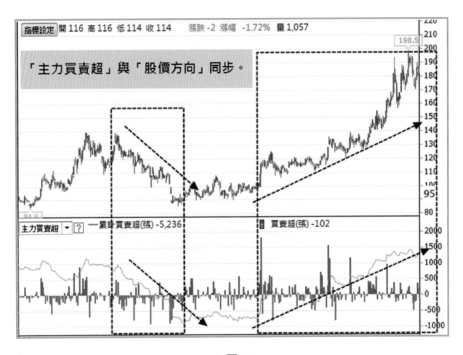

▲ 圖18

　　如果單看這項指標，其實並沒有很好的預測效果。因為當多方主力想要買進更多的股票，最好的方法就是花大錢用高價向上買，所以股價自然就往上漲。相反的，空方主力想要趕快出脫手中的股票，最好的方法就是用低價向下砍。所以單看「主力買賣超」，我們只能掌握當時的多空氣氛，而未必能夠預測主力後續的行為方向。很多的籌碼初學者都認為有主力在買，所以後續就一定要上漲，這樣的想法只是一廂情願的思維，這是

非常錯誤的看法，要提高預測效果，就一定要搭配「買賣家數差」一起使用。

什麼是「買賣家數差」？舉例來說，今天台積電的成交量是1000張，分別有5家券商買進這檔股票，而有100家券商賣出這檔股票，這就表示是原本在100人手上的1000張股票，被5個人買走了，籌碼最後集中到5個人的手上。所以當賣出的券商家數大於買進的券商家數時，背後代表的意思是「多數人將股票賣給少數人」（請參考圖19）。

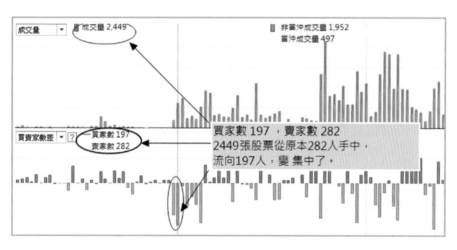

▲ 圖19、尚立（3360）

❷「買賣家數差」定義

　　「今天有買進該股票的券商家數」減「今天有賣出該股票的券
商家數」

　　我們可以觀察「買賣家數差」來分辨散戶的行為是否也呈現籌碼集中
的狀態，這個指標若為負數則代表籌碼趨向集中，若為正數則代表籌碼趨
於分散。當我們在觀察這項指標時，若只看一天也是沒有意義的，絕對不
要只單看一天，我們至少要看一段時間，5天、10天或更多天，在這段時
間裡的大部分日子必須是呈現負數，這樣的狀態我們才能夠說賣的人多、
買的人少，散戶的行為也反映出籌碼趨向集中的狀態。

　　「主力買賣超」是觀察大戶的行為，而「買賣家數差」則是散戶的行
為。當「主力買賣超」呈現連續性的正數，就代表有大戶在進貨，而「買
賣家數差」呈現連續性的負數，則代表散戶站在賣方。這正是我們期待的
狀況，也就是大戶在進貨，而大部分的散戶都在出貨，這才表示有少數的
券商正在吸收多數散戶釋出來的籌碼（請參考圖20）。

　　這個分析方法，還必須配合股價漲幅水準來看，如果股價區間漲幅超
過30％，就不適用此方法分析。因為漲幅過大時，自然會吸引更多的交
易者參與，此時我們就很難藉由「買賣家數差」來觀察到底有沒有少數的
券商在進貨。所以當個股漲幅超過30％時，而且買家數與賣家數也都超
過500家時，就不建議採用此方法。

此方法的觀察重點如下：

- 股價緩漲，區間漲幅最好不超過30％。
- 主力買賣超連續呈現正數（連續好幾天都是買超）。
- 買賣家數差連續呈現負數（連續好幾天賣家數大於買家數）。

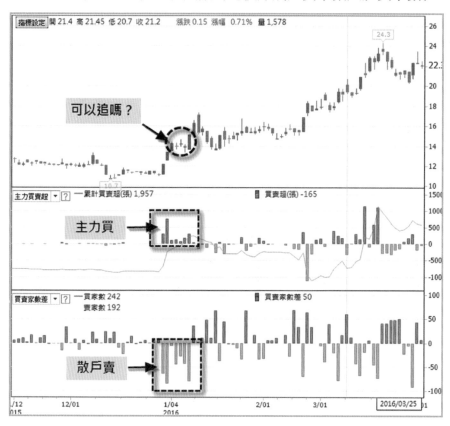

▲ 圖20、尚立（3360）

　　另外，補充一個特殊的情況，「主力買賣超」若套用在中小型股，我們可能有機會看到股價一路漲，但主力買賣超卻一路呈現賣超的怪異現象。這和前面的敘述完全不相同，前面提到空方主力想要賣出股票，最好的方法就是用低價向下賣。但有一些主力介入的股票，因為籌碼相當穩定、相當集中，這一般都是交易量很小的冷門股，因為沒有外來的參與者干預，所以主力可以左手高掛賣單，右手再一路往上買進，只要買進張數不要大於賣的張數，主力就不會增加持股，並且可藉由股價來漲勢吸引外來的新買盤，進而一點一滴的將手中的股票賣出來！這是典型的富貴險中求，主力會用甜美的漲勢來誘使我們進場。所以當您看到「主力買賣超」與股價呈現反向走勢時，就是 100％有主力介入這檔股票，就看你有沒有膽識跟著主力賺錢了！下圖 21 就是這種情況。

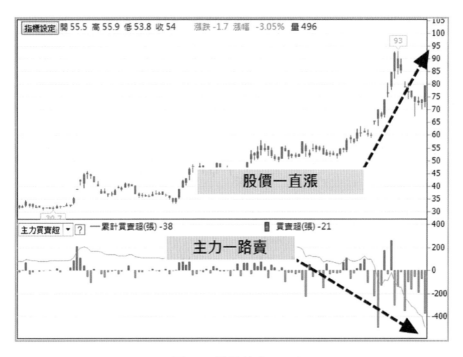

▲ 圖21、長園科（8038）

4、籌碼集中度

「主力買賣超」是統計每天「多方主力」與「空方主力」之間的買賣張數差，接著再將每日的結果進行加總，藉此可以觀察近期主力籌碼是偏多還是偏空。從統計結果我們可以知道籌碼的流向，但我們並沒有辦法知道籌碼跑到誰手上，也不知道籌碼集中的程度，若想知道這個答案，就必須將「每日統計」的概念改成「區間統計」。

　　藉由「區間統計」，我們就可以知道區間內買超最多的券商是哪幾家？而賣超最多的券商又是哪家？延續上一節的概念，我們一樣只需選擇前 15 家券商作為區間主力代表，接著我們將多方主力與空方主力的買賣超張數相減後，就可以知道這一段時間的主力是偏多還是偏空？吸收了多少籌碼？或是釋放出了多少籌碼？

　　不過這個買賣超數字並不容易讓我們評估籌碼集中或分散的程度，舉例來說，過去 20 天多方主力買超 3000 張，而空方主力賣超 1000 張，我們可以得到＋ 2000 張的結論。如果這是一檔小型股，2000 張可能很有影響性，但如果是一檔大型股，2000 張就顯得微不足道。所以我們將這個數字除以發行張數（股本）或區間成交量，就可以容易的判斷出主力籌碼集中的程度。

❶籌碼集中度的定義
　　（區間買超前 15 名的買超張數合計）－（區間賣超前 15 名的賣超張數合計 ）/ 區間成交量

❷籌碼集中度（占股本比重）的定義
　　（區間買超前 15 名的買超張數合計）－（區間賣超前 15 名的賣超張數合計 ）/ 股本（張數）

　　一般來說，除以股本的籌碼集中度比較能夠忠實反映主力吸收多少籌碼，但在很多的情況下，主力都不希望干擾市場運作，更不希望吸引市場的目光，特別是在低檔進貨或是高檔出貨時，所以會配合成交量的多寡來決定交易部位的大小。在這種情況下，以股本為基礎的集中度就很難在第一時間察覺主力的行為，但若是以成交量為基礎，就可以在第一時間觀察到籌碼集中的變化，因此這兩種不同的籌碼集中度我們都必須觀察。

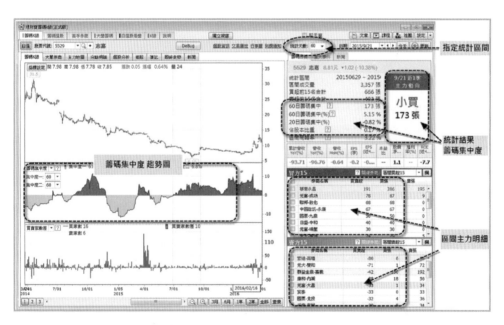

▲ 圖22

　　如果是在「交易前」的評估，我會同時觀察20天、60天與120天的籌碼集中度，看看是否有主力已經提前進場卡位。下面3個門檻值，是我過去研究的結果，分享給大家參考。

- 20天的籌碼集中度要超過±10％；
- 60天的集中度要超過±5％；
- 120天的集中度要超過±3％；

　　這三個數字只是基本的門檻，並不代表超過這個門檻就是有主力介入，但如果是在這個門檻值以下，就屬正常的買賣超範圍，我們幾乎很難說有主力介入的痕跡。這三個門檻值並不需要全部同時符合，原則上只要有一個符合，就值得我們進一步追蹤觀察。下圖23事欣科（4916），在股價出現飆漲前，3個不同天期的籌碼集中度都超出了門檻值。（圖中只能看到兩個區間的統計結果）。

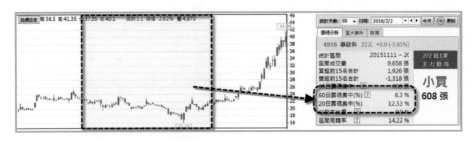

▲ 圖23、事欣科（4916）

　　如果是極短線的交易者，則應該觀察更短天期的統計，例如1、3、5天。天期越短，集中度的要求就要越高，如果只看一天的統計，籌碼集中度至少要大於20％，才比較有可能真的有特定人進場吸收籌碼。

　　一般，我只有在進場後，才會觀察短天期的籌碼集中度，通常就緊盯最近一天的數據，如果有出現籌碼集中度超過-20％的情況，就會特別留意，甚至考慮減少部位。

　　我很少觀察長天期的統計240天，因為選太長的話，也不容易看出真實的情況。舉例來說，假設多方主力最近20天才買進1000張，但空方主力從240天前，每天賣出5張，240天後合計賣了1200張。我們透過長天期的統計結果會告訴我們是賣超了200張，但事實上，多方主力最近才進場的資訊卻被淹沒了。因此我們會選擇中、短天期來作為統計區間，這比較有機會看出籌碼集中或分散的真實情況。

　　關於「籌碼集中度占股本比重」這項數據，不論統計天期的長短，只要超過3％就值得留意，特別是下列這種情況，股價沒有漲，但是籌碼集中度占股本比重超過3％，而且「區間週轉率」超過150％。「區間週轉率」在這裡是很重要的訊號，因為「區間週轉率」超過150％是典型的有人在炒作的特徵（請參考圖24）。

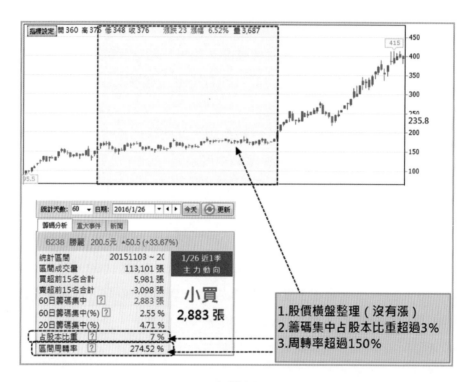

▲ 圖24

上述的情況很罕見，但絕對也是賺錢的機會。一般我們大部分的時候都是看到下圖25這種情況，明知道有人買了很多，也知道有人在炒作，但是股價已經漲幅一大段，這種情況我就不會貿然進場，通常都會選擇捨棄。

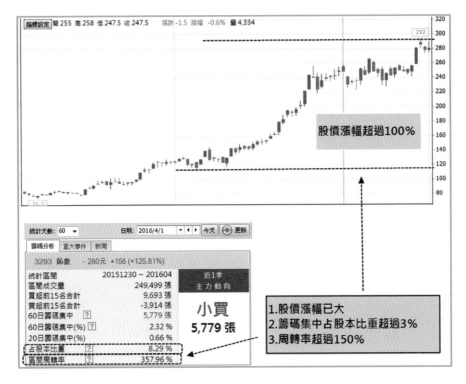

▲ 圖25

　　最後，提醒大家在使用「籌碼集中度」這個指標時，有下列的問題，
需要注意。

❶ 這個指標的可靠度，嚴重的受到區間成交量的影響，成交量越小，
　可靠度就越小。

❷這個指標也不適合將前後期的數據拿來比較，或是繪製成趨勢線來觀察。舉個簡單的例子說明，例如上個月前的月成交量為1000張，當時的籌碼集中度是10％；而這個月的月成交量為1萬張，籌碼集中度也是10％。這兩個月主力所買超的張數可是差了十倍，上個月只買超100張，而這個月可是買超了1000張。同樣都是籌碼集中度10％，但重要性卻明顯不同。所以使用「籌碼集中度」只須專注現在這個時間點就可以了，並不需要特別去查閱副圖中的「籌碼集中度」的趨勢圖。

12項集中度評估重點

這一節介紹了四項指標可以用來評估籌碼集中程度，雖然每項指標都有其分析的意義與追蹤的價值，但如果真的單獨使用，效果恐怕也會不如預期。就以內部人持股比率與千張大戶持股比率為例，雖然可以幫我們快速判斷個股籌碼是否擁有絕對優勢，但這不代表股價就一定即將進入上漲階段。或者主力買賣超與籌碼集中度都顯示有集中的趨向，但不代表內部人或千張大戶的持股狀態也一定處在相對有利的狀態。因此當我們在分析籌碼集中度時，我習慣會把這四項指標從頭到尾仔細分析過一次。下面12點是我觀察的集中度的重點，不必全部符合，但符合越多項代表籌碼體質越好，籌碼體質越好的股票就越容易炒作拉抬。

❶ 內部人持股比率是否介於 20 ～ 60％之間？

❷ 內部人最近 3 個月持股比率是否下降？

❸ 千張大戶持股比率是否大於 40％？

❹ 千張大戶持股比率持股人數是否少於 50 人？

❺ 千張大戶持股比率最近 3 個月是否持續增加？

❻ 「主力買賣超」與「買賣家數差」是否連續數天呈現反向

❼ 60 日主力籌碼集中度（以股本為分母）是否大於 3％？

❽ 20 日主力籌碼集中度（以成交量為分母）是否大於 10％？

❾ 60 日主力籌碼集中度（以成交量為分母）是否大於 5％？

❿ 120 日主力籌碼集中度（以成交量為分母）是否大於 3％？

⓫ 60 天的股價漲幅是否在 30％內

⓬ 60 日的區間週轉率？小於 50％？大於 150％？

步驟三：傳統籌碼分析

　　除了分析「集中度」相關的指標外，傳統的籌碼指標「三大法人」與「融資券」也必須列入觀察。但我觀察的重點通常還是在尋找「主力」的蹤跡，或是觀察特殊的行為徵兆。

1、外資

　　觀察外資的交易活動首先要先區分大型股與非大型股，外資交易大型股時，行為比較中規中矩。一般來說，絕大部分的情況都是基於長期的觀點來進行交易。對大型股來說，外資就是最大的主力，所以外資買，股價就漲；外資賣，股價就跌，因此只要外資轉向兩、三天，就該跟著調整操作方向。請參考下圖 26 華碩（2357）。

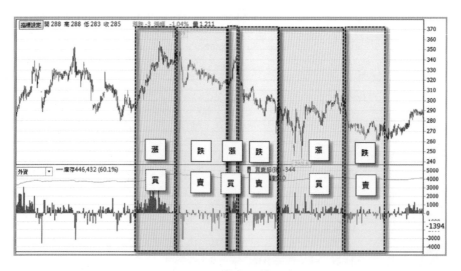

▲ 圖 26、華碩（2357）

至於外資交易中小型股，就有很多分析的小技巧，後續將直接採用範例來說明。下圖尚立（3360）外資大量買進時，股價就下跌。

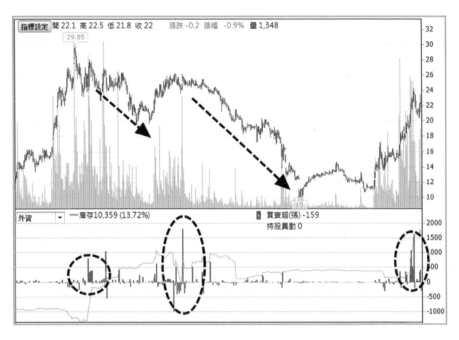

▲ 圖27、尚立（3360）

下圖28事欣科（4916）則是外資大賣出後，股價就下跌。

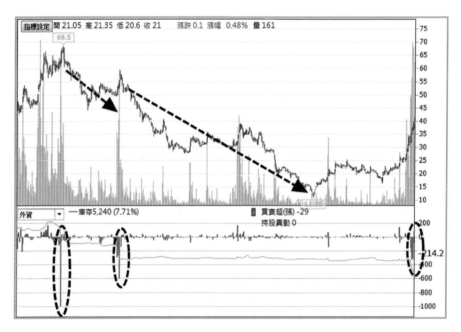

▲ 圖28、事欣科（4916）

　　前面兩個例子，都是從外資的歷史交易行為來推測未來，每當外資介入後都暗示目前股價已經在高檔區，後續股價的拉回機率大。所以像這種情況，手中沒部位就不建議追高，手中有部位就建議減碼。

　　下圖29偉訓（3032）是另一種情況，在2013年11月外資突然進場後，股價就進入為期一年的炒作期。現在2016年2月，外資又再度介入。類似這樣的情況就很值得介入。

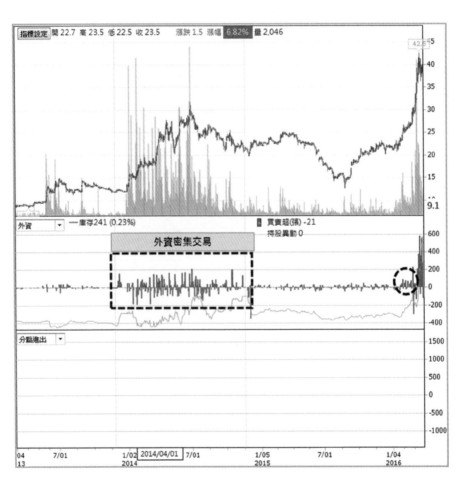

▲ 圖29、偉訓（3032）

不僅如此，我們根據券商分點的交易紀錄，還可以發現疑似有「假外資」的痕跡，也就是「外資」的交易紀錄與「外資券商」的交易紀錄不符。這表示有很大一部分的外資單是透過本土券商來進行交易，這種情況通常就很有可能是傳說中的「假外資」。

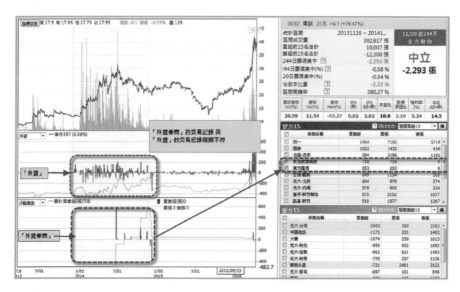

▲ 圖30、偉訓（3032）

看到「假外資」，我就會直接聯想到「主力」。下圖31長園科
（8038）有外資交易紀錄，卻看不到外資券商進出的痕跡，這也是很典型
的，疑似用假外資身分行炒股票之實的案例。

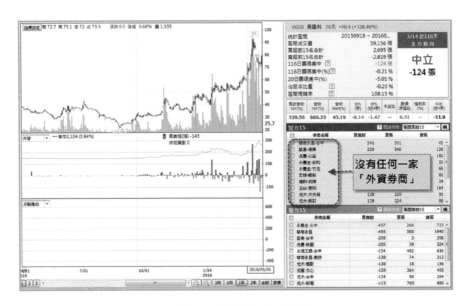

▲ 圖31、長園科（8038）

簡單來說，如果中小型股的股價位在低檔區時，若有看到外資進出，
但卻不是透過「外資券商」進行的交易，就可以特別留意，因為很可能就
是「主力」透過「外資」身分來進行交易。

2、投信

　　關於投信的交易活動，一樣可以區分大型股與中小型股。投信在大型股的交易行為，我並沒有太多值得分享的實務經驗，至於中小型股的部分，我一般會特別留意下列兩種可能與「主力」有關的行為。

　　❶ 投信突然介入

　　如果一檔中小型股，過去投信都不曾買過，今天卻突然介入，而且股價已經漲幅 50 ～ 100％ 之間，這很有可能就是「主力介入」概念股。投信通常都會被安排在第二波上車名單，並成為換手對象。投信可能扮演下列其中一種角色「鎖籌碼」、「拉抬」。請參考下圖勝麗（6238）與長園科（8038），這兩檔股票的投信很可能是擔任鎖籌碼的角色，此時股價就會進入高檔震盪整理，約會持續 1 ～ 3 個月。

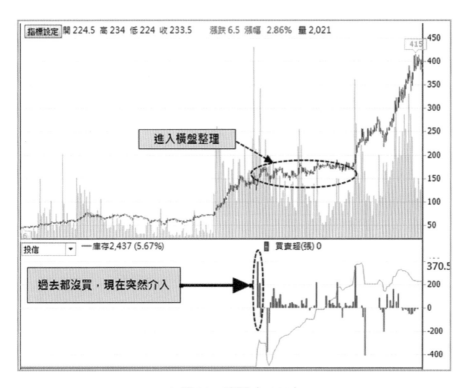

指標設定 開 224.5 高 234 低 224 收 233.5　漲跌 6.5 漲幅 2.86% 量 2,021

進入橫盤整理

投信　　　▼ ——庫存2,437 (5.67%)　　　　■ 買賣超(張) 0

過去都沒買，現在突然介入

▲ 圖 32、勝麗（6238）

▲ 圖 33、長園科（8038）

下圖安勤 （3479）投信則是擔任拉抬的角色，也就是投信負責這一

波的拉抬工作。此時至少有20 ～ 30％的漲幅，不過在拉抬之後，也會立刻伴隨回檔的走勢。

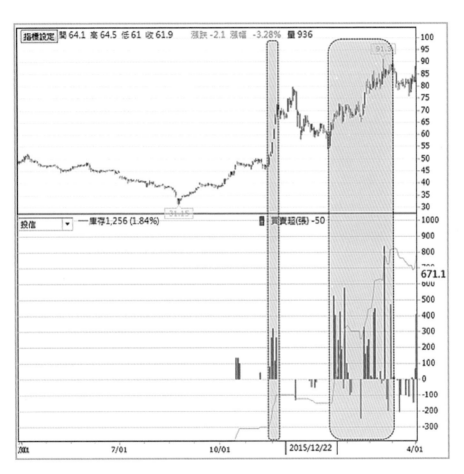

▲ 圖34、安勤 （3479）

　　其實，當發現投信突然介入一檔中小型股時，最好的操作方法就是不要猶豫隔日立刻進場。而當投信買盤結束後，就應該考慮出場。如果是手中有部位的投資人，看到投信突然介入，則可以等投信買盤結束後，再視情況調整部位。

　　最後，再補充一個需要留意的特殊情況，雖然大家都說投信有季底作帳行情，但對於中小型股可能要留意出清賣壓，特別是很投機的小型股。因為投信每季需要公布持股，所以當投信不想讓人家看到的股票，就會在季底前出清部位，此時就會有賣壓產生。請參考下圖智晶（5245）就是典型的趕在季底前出清股票的狀況。

▲ 圖 35、智晶（5245）

❷ 投信認養股

　　所謂的投信認養股，指的就是所有投信的持股合計占股本的比重達
10％以上。根據觀察，當一檔股票被投信持股超過10％，後續有很高的
機會出現大行情。下圖同致（3552）在2014年12月31日首度出現投信持
股大於10％之後，股價就一路大漲到500元。

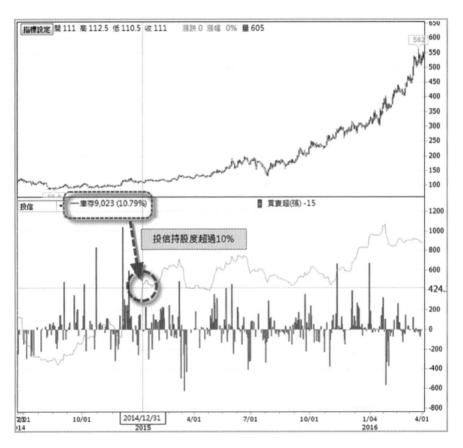

▲ 圖36、同致（3552）

下圖邦特（4107）在2013年8月30日投信持股首度超越10％之後股價也從50元一路漲到100元。

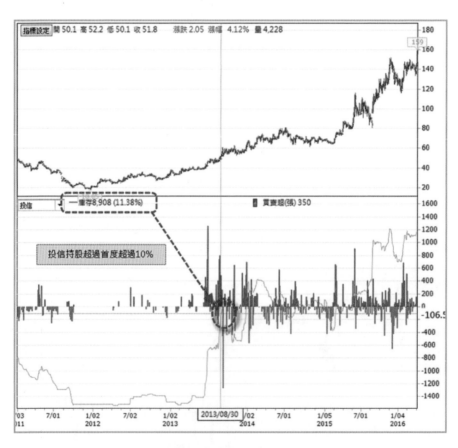

▲ 圖37、邦特 （4107）

　　所以當股價漲幅已高，不知道該不該追的時候，就看看這是不是投信
認養股，如果是的話就安心的跟進吧。如果真的不放心，還可以看看這一
檔股票是不是投信慣性會參與的股票。如果有歷史紀錄可查，就更容易可
以判斷是否會有行情。下圖雙鴻（3324）在2011年7月～2013年5月之
間投信曾經參與。而在2015年11月時，看到投信又介入，這時就是很好
的跟進點。

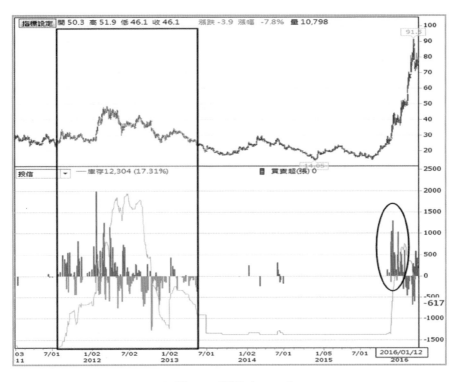

▲ 圖38、雙鴻（3324）

　　下圖鈊象（3293）也是一樣，投信在2012、2014年參與這一檔股票兩次的炒作，現在2016年初投信又介入了，股價也立刻出現飆漲的行情，所以投信慣性會操作的個股也都是很值得參考。

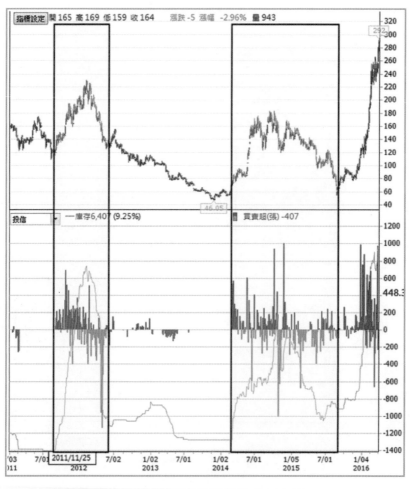

▲ 圖39、鈊象（3293）

3、自營商（避險買盤）

　　關於「自營商」，因為他們的交易活動很自由，背後的動機也是五花八門，所以很難有一致性的交易參考。一般我觀察自營商，通常都是看自營商的避險活動，當券商發行權證後他們就需要到市場上建立避險部位。但由於絕大部分的權證大戶都是隔日沖，所以自營商的避險活動也就只好配合隔日沖，這樣的行為自然會直接影響當日的盤勢動向。

　　如果自營商進場避險十次約有六到七次隔日是收黑K線，請參考下圖40，箭頭所指的K棒都是自營避險後，隔日收黑K棒，相信大家一定可以感受到這比率也太高了吧。

　　當我們看到自營商的避險買盤後，如果要賣股票，記得開盤就賣；如果要買股票，不妨等到收盤前再進行。

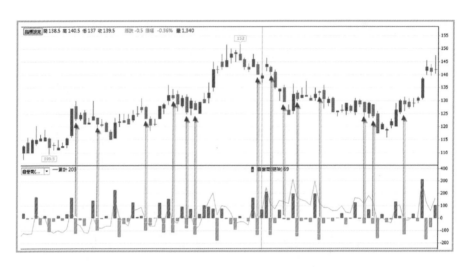

▲ 圖40、邦特（4107）

4、融資

　　融資是一般投資人很常使用的交易方式，對主力來說，也是不可欠缺的信用管道。很多時候主力也會透過融資的方式來進行股票炒作，但這只限於中小型股，關於「融資」我只觀察是否出現「融資暴增」的現象。

　　一檔股票在兩個月內融資暴增15％以上，這很可能就是主力介入的訊號。但如果是因為股價暴漲，而吸引融資進場，這樣融資暴增的現象，並不是我們要尋找的情境。我們希望參與的情境是融資暴增，但股價漲幅尚未超過20 ～ 30％的股票。請參考下圖41勝麗（6238）在2014年11月

底就有出現融資暴增的現象。

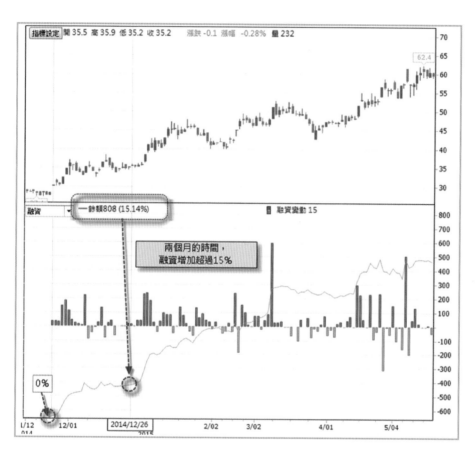

▲ 圖41、勝麗（6238）

下圖42雙鴻（3324）也是其中一個例子。

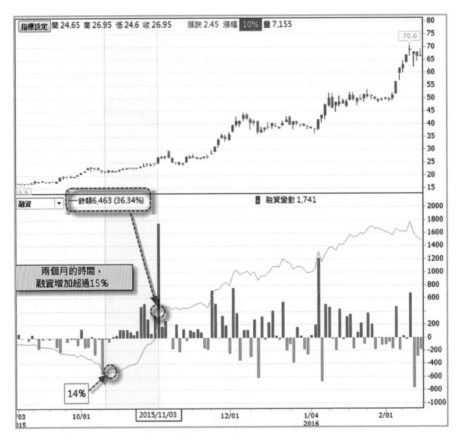

▲ 圖42、雙鴻（3324）

步驟四：券商分點分析

在步驟二，我們透過統計的方法快速的評估一檔股票是否有主力介入以及主力、大戶的多空方向。而在步驟三，我們則是透過外資、投信、自營商、融資等行為來找尋主力概念股，現在要介紹的則是透過券商分點來查看是否有主力的痕跡。

是否有特定券商介入？

我們可以透過下列兩種方法來看一檔股票是否有特定買盤介入。第一種就是查看盤整區間券商的交易狀況，我們可以透過滑鼠框出要查詢的範圍（請參考下圖43黃色區塊），系統會自動統計這一段期間內買、賣超最多的券商。通常買賣超最多的券商就是我們需要關注的特定券商，如下圖中的「統一-土城」、「富邦-台北」、「群益金鼎經紀部」這三家就是橫盤期間最主要的進貨主力。掌握這類的特殊券商，將更有利我們進行買賣決策。以下圖43為例，如果持有股票的人，就可以很清楚知道要監控這三家券商的買賣行為，一有出貨的狀況發生，就可以考慮出脫部位。

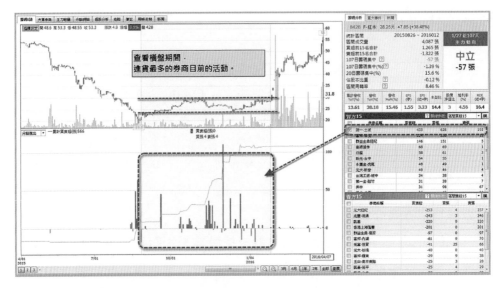

▲ 圖43、紅木-KY（8426）

　　第二種方法是查詢系統內建的「囤貨券商」，所謂「囤貨券商」就是統計240天買超最多的券商。這種方法也是可以很輕易的看出是不是有特定買盤介入，同樣以紅木-KY（8426）為例，在2016年1月26日透過這個方法，一樣可以很快的察覺「統一-土城」有異常的買盤介入（請參考圖44）。

▲ 圖44、紅木-KY（8426）

　　觀察「囤貨券商」時也必須同步觀察「出貨券商」。我們要比較兩者的大小，如果「囤貨券商」的買超張數遠大於「出貨券商」，就很可能是「主力介入」。另外，還要觀察買賣方的「介入時點」，只有「出貨券商」賣出行為發生在「囤貨券商」之前，才可以視為「有特定券商介入」，請參考下圖45。

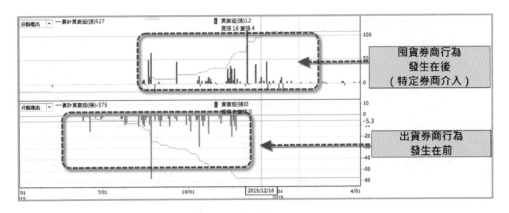

▲ 圖45

　　當我要介入一檔未知的股票時，一定會先看看「囤貨券商」，如果有「特定券商介入」，這通常是可以增加我的持股信心。

地緣券商是否有異常交易？

　　在上市櫃公司附近的地緣券商通常也是容易洩漏秘密的單位。一般來說，地緣券商是公司內部人最可能去開戶與下單的證券公司，這裡所指的內部人包含所有的員工。舉例來說，公司內部的作業員因為加班趕單，自然就會知道公司業績成長，如果是有在玩股票的員工，應該都知道要趕快買進。除了內部人之外，住在公司附近的外部人，也可以藉由觀察進出公司的貨車數量或夜間亮燈時數來判斷公司業務量變化，這些變化都是只有住在公司附近的投資人才可能在第一時間掌握的資訊。因為是住在公司附

近的投資人,所以地緣券商自然也是他們最可能去下單的券商,這些內外
部人在地緣券商進行的交易動作都會洩漏在地緣券商的交易明細中。因此
我們可以藉由觀察「地緣券商」是否出現異常買盤來判斷公司營運是否已
出現重大變化。雖然「地緣關係」未必跟主力有關,但其交易行為所洩漏
的秘密絕對不輸給主力,甚至更具備參考價值。

▲ 圖 46

通常在查看完「囤貨券商」之後,就會切換到「主力地圖」這個頁
籤,來看看「券商」與「公司」間是否有特殊具備「地緣關係」交易出
現。有就更完美了。坦白說,發生地緣券商異常交易的情況並不多,但是
如果有發現就千萬別錯過。

　　下面兩個範例都是典型的「囤貨券商」兼「地緣券商」的案例，股價後續表現都相當亮眼。下圖「囤貨券商」凱基-大業與達運（6120）這間公司的地緣關係位於「台中」。

▲ 圖47、達運（6120）

　　下圖48「兆豐-新竹」與光環（3234）的地緣關係位於「新竹」。

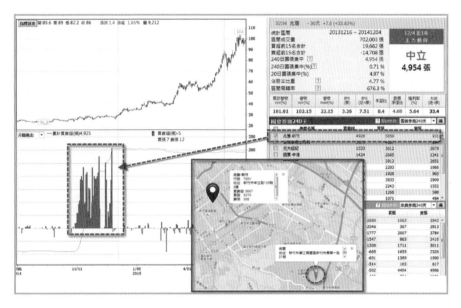

▲ 圖48、光環（3234）

　　在使用「地緣關係」進行分析時，有一項很重要的限制需要注意，就是地緣關係只適用台北以外的縣市。因為目前台股上市櫃公司中約有四分之一的公司將總公司登記在台北，而全國1000多家證券商中也有四分之一都設立在台北，所以無論是上市櫃公司或證券商在台北的分布都過於密集，因此我們很難掌握真實的地緣交易情況。因此只要是登記在台北的上市櫃公司就不建議參考這個分析方法。

Chapter
4

實戰案例
精煉贏家撇步大方送

從5個案例分享中，了解如何運用「籌碼Ｋ線」於實際的交易活動。每一個案例，均會說明為何選擇這一檔股票進行交易、交易前如何評估、交易計畫為何、交易後又是如何追蹤、最後為何出場，以及心得分享。

接下來這一章，我將跟大家分享5個實戰案例，透過這些案例大家可以了解我是如何將「籌碼K線」運用於實際的交易活動。每一個案例，我都會說明為何會選擇這一檔股票進行交易？在交易前我是如何評估？我的交易計畫為何？交易後又是如何追蹤？最後為何出場？還有一些心得分享。

　　每一個案例會分成3個部分，分別是案例來源、事前分析、事後追蹤。

　　關於「案例來源」，原則上只有兩種來源，第一是聽來的，也就是大家常說的「內線」或「小道消息」，第二則是使用籌碼K線的「籌碼選股」所選出來的。雖然我認為大家都應該要有自己的選股方法，但我並不反對所謂的「聽明牌作交易」的方式，畢竟還是有很多的股票無法透過計量篩選被選出來。就如前面介紹過的「飆股三寶」，其中的「題材」就是「籌碼選股」所無法篩選的部分，很多的股票都是靠消息面來推動的。所以有人放消息對我來說就是好消息。我相信無風不起浪，有小道消息流傳

都代表這一檔股票有人正在進行炒作。至於參與的時間點是否對我們有利？這就必須靠「籌碼K線」來找出具備「籌碼優勢」的股票才有保障。

第二部分「事前分析」，原則上就是前一章所介紹的籌碼分析方法，這也是我分析個股籌碼的標準SOP。至於最後一部分「事後追蹤」則是這一章的重點，前面的章節介紹了選股方法、還有進場前的分析，但都沒有涉及出場方法。這是因為關於「出場」，我並沒有固定的方法或模式，通常都是根據每次不同的交易計畫而個別設定。所以只能藉由很多的案例來讓大家了解我是如何評估出場時機，我大部分的出場理由都跟籌碼面無關，通常都是跟技術面與時間、報酬率有關。

案例一：順德（2351）2013年2月27日

1、案例來源

這是我在2013年2月時所交易的一檔股票順德（2351）。會選擇這一檔股票是因為家人的推薦，我的弟弟是一個連證券帳戶都還沒有的人，居然跟我說推薦你一檔明牌。一般人可能會啼笑皆非，但我不僅選擇相信，更細心的認真研究，最後我信心滿滿的重押了300萬，花了6個月的時間，獲利35％，約100萬。

2、事前分析

當時這一檔股票的消息來自於「彰化」，所以我很直覺的就先去查看一下這間公司的所在地，果然不出所料就位在於「彰化」。具備「地緣關係」的消息來源，讓我的信心頓時增加了50％。但投資不能只靠信心，必須要找出更多的優勢或證據，才值得我們買進。我自創的籌碼分析四步驟，就是在這個案例中慢慢建構出來的，這是我第一次使用籌碼K線來進行投資分析。

❶ 趨勢面分析

當時，我分析的第一步就是打開K線圖來看看順德過去的股價走勢，如下圖1。

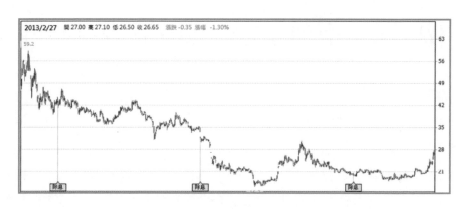

▲ 圖1

　我將觀測期間拉長到3年，心中就立刻浮現了「可以買」3個字。因
為我看到了目前的股價已經突破過去3年的下降趨勢線，如下圖。

2013/2/27　開 27.00 高 27.10 低 26.50 收 26.65　漲跌 -0.35 漲幅 -1.30%

59.2

63
56
49
42
35
28
21

降息　　　　　　　　降息　　　　　　　　降息

▲ 圖2

　　而且過去一年股價出現拉回，但沒有破底，目前已經有明顯的底部型
態W底。「聽消息作股票」最忌諱的就是追高，而順德目前的股價則是
處在長期的低檔區，所以算是位在相對有利的範圍區間。

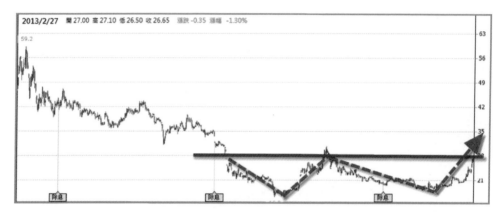

▲ 圖3

　　再來，我將日K線圖切換成月K線圖之後，將觀察的期間再拉長，也發現到順德這一家公司似乎是很懂得跟著股市行情起起落落，每隔三年就會來一次。講白一點，就是有在操作股票的公司，這一點就讓我覺得更值得期待（請參考圖4）。

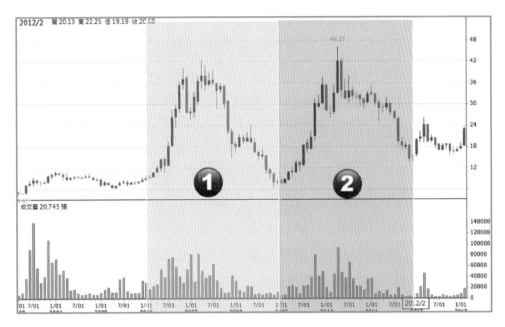

▲ 圖4

　　目前股價也剛由下往上穿越兩年來的最大量成交價24元，這表示原先的上檔壓力已經轉為下檔支撐。從下圖5來看，上檔的另一個壓力區則位在40元，所以我簡單推估了一下，這一筆交易所要承擔的利潤風險比約為三倍，往上有機會賺取12元，而往下最壞的情況則是損失4元（目標價40元、預估進場價28元、下檔停損價24元）。

2013/1/28　開 20.45　高 20.80　低 20.40　收 20.70　漲跌 0.15　漲幅 0.73％

最大量成交價 - 24元

▲ 圖5

　　上檔的目標價40元，是從最大量成交價觀察得來，未必合理，所以還需要從基本面找數據評估。觀察2012年的每股盈餘為1.59元，而過去十年也都沒有虧損紀錄，每股盈餘大約都介於1～3元之間，如果猜測2013年每股盈餘可達2元，並不是不可能。接著再用20倍本益比來計算，股價要達到40元，也都還算是在合理的範圍之內。

　　❷ 集中度分析

　　趨勢面的所有狀況看起來都是有利於我們買進，接著再來看看籌碼面的狀況。內部人持股為17％，並沒有落在20％～80％的理想範圍內，所以內部人持股並不具備籌碼優勢。雖然如此，但該股在2012年5月時卻出現了內部人持股劇降的狀況，由原先的22％降到17％。這樣的狀況正符

合前一章所敘述的情境「股價在低檔區，內部人卻減少持股」，這也是極
有可能是炒股的前兆（請參考圖6）。

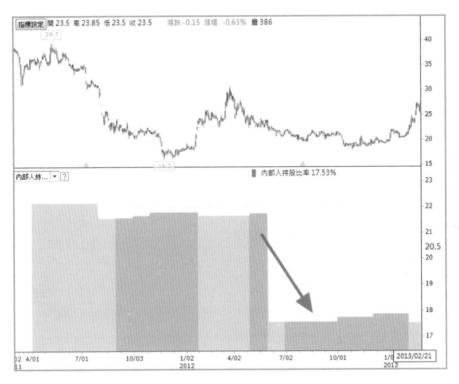

▲ 圖6

再來，我們來看看大戶持股，持股超過1000張的大戶共有22人，
持有張數為9.7萬張，持股比率為54.9％，這都在我們覺得理想的範圍

之內。而且絕大部分的大戶都不屬於內部人（持股比率約 17％）及外資
（持股比率約 3％）。這表示有一大部分的股票被不知名的大戶所持有，
這對我們來說也是有利的因子。不僅如此，最近兩個月的大戶持股還增加
2％，而散戶的持股則是減少 2％，都是籌碼趨向集中的現象（請參考圖
7）。

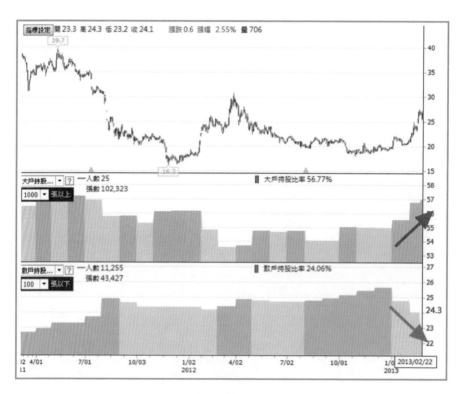

▲ 圖 7

　　看完大戶，我們再從「主力買賣超」的角度來檢視看看（請參考圖8），過去兩個月主力都是站在買方，而「買賣家數差」也是呈現「賣家數」大於「買家數」，這也是典型的主力買、散戶賣的現象，從主力的角度來看籌碼同樣也是呈現集中的狀態。而兩個月內的股價漲幅約35％，雖然超過我們理想的幅度30％以內，但還在可以接受的範圍。

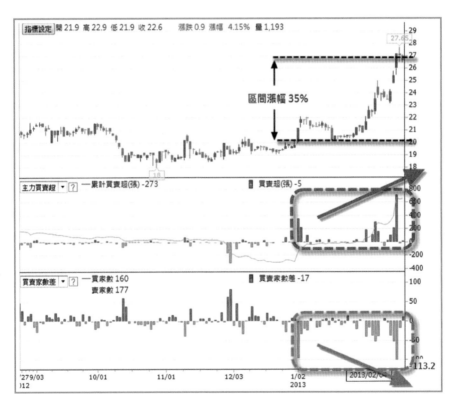

▲ 圖8

最後，我再將短、中、長期的籌碼集中狀態檢視看看是否同樣具備優勢，20天的籌碼集中度為9.56%，60天的集中度為3.93%，120天的集中度則是3.35%。這個部分看起來並沒有很明顯的籌碼優勢，只能說介於及格邊緣。前面雖然從不同角度檢視籌碼都有集中的現象，但相較區間成交量來說，所占的比重卻不高。這表示氣勢與力道不強，所以在操作上我會選擇採取分批進場的方式來進行，另外也必須持續追蹤此數據看看是否有轉弱的趨勢。至於區間週轉率的部分，由5%放大到10%左右，交易量逐漸活絡，這也是炒股票必要的前置動作。

❸ 傳統籌碼分析

在傳統的籌碼分析中找到了一個令我振奮的現象，投信過去都沒買，現在突然進場買，不過很遺憾的，目前股價是過去一年的高點。往往投信在高檔才買進之後，股價陷入盤整或拉回的機會就很大，所以這一點也讓我更確定必須要分批買進，不用急著追。至於外資、融資的部分則沒有任何異常或值得關注的現象。

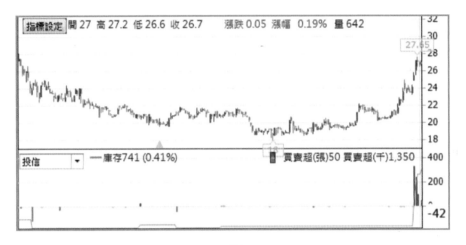

▲ 圖9

❹ 券商分點分析

接著,我們再從券商分點的角度來看看是否有什麼值得注意的籌碼徵兆。一般我會先看看起漲前的盤整期是否有特定買盤提前介入。如下圖,一查就中,過去3個月來買超最多的券商居然是有地緣關係的「群益金鼎-彰化」,這實在很難讓人不聯想到炒股票。

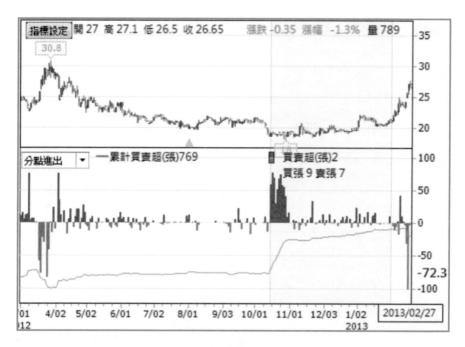

▲ 圖10

　　再來觀察1月30日到2月27日這一段漲勢中的主要買方券商有三家：
「元大-忠孝」、「凱基-復興」、「永豐-金萬盛」。而需要留意的賣方
券商則是「群益金鼎-南京」，這一家券商比較像是出貨券商，也就是公
司派的股倉，只出不進。另外，「瑞士信貸」這家券商比較像是作量券
商，**最大的特色是股價漲的時候，這家券商就賣股票，股票跌或不漲，這
家券商就買股票。** 可能有投資朋友會問我，為什麼這一段區間內賣出最多
股票的券商「國票-中港」難道不需要列入觀察對象嗎？因為我觀察的重

點是一家券商的進出頻率與方式是否出現異常，而「國票-中港」的買賣看起來並無任何異常之處。除了上述區間的觀察外，年度買超最多的券商也很重要，前三大買超券商中就有兩家是區間買超最多的券商「元大-忠孝」與「凱基-復興」。第三家「元大-彰化」則是新發現的重要券商。上述這幾家券商都是後續追蹤時需要特別觀察的對象。

區間買超15	券商名稱	買賣超	買張	賣張
	元大-忠孝	1172	1188	16
	凱基-復興	661	957	296
	永豐金-萬盛	604	605	1
	元富-台中	356	401	45
	玉山	296	305	9
	凱基-城中	261	271	10
	玉山-雙和	238	270	32
	統一-新台中	201	273	72
	元大-仁愛	174	227	53

區間賣超15	券商名稱	買賣超	買張	賣張
	國票-中港	-572	60	632
	群益金鼎-南京	-409	0	409
	瑞士信貸	-394	32	426
	元富-板橋	-229	13	242
	國票-彰化	-229	48	277
	統一-彰化	-193	87	280
	統一-內湖	-189	0	189
	富邦-台北	-182	1	183
	凱基-大里	-127	0	127

綜合前面的分析，不論任何面向都沒有不利的情況，其中還有幾個地方也顯示出有炒股的跡象。再加上有小道消息在流傳，所以我判定應該真的有人在控制這檔股票，而且行情現在才剛開始。基於前面的分析，有些現象告訴我可能會追在短線的最高點，所以我採取先買三分之一的做法，剩下的預算就每隔一週觀察一次再決定是否續買。

3、事後追蹤

在我進場當時，我並沒有明確的出場規劃，就只有簡單的目標價40元，停損價24元。根據我的經驗，我也不敢期待這檔股票會立刻出現飆漲的行情，類似這樣的冷門股，行情通常走得很溫吞，至少可以持續6個月的時間，而且漲幅最多也只有一倍。所以要賺這檔股票的錢，就必須給它時間去發酵。

投資朋友可能會問我為何要接受這樣的股票，而不選擇其他飆股呢？因為其他的股票，我未必可以分析出這麼多有利的資訊，能夠掌握越多有利的資訊，勝算就越高，勝算越高的股票才越值得投資。所以與其參與很多勝算不確定的股票，還不如重押一檔一年內保證穩賺的股票。

在進場後股價果然是來到了波段的高點，後續兩個月股價呈現橫盤整理，就再也沒有出現噴出的行情，而我也在首次進場後的三週陸續將部位買齊。

在持股的這一段時間，我只觀察三件事。第一是60日均線，第二是投信動向，第三是「關鍵券商」動向。過去的經驗告訴我，很多時候我們只會看到主力進場，而不會看到主力出場。所以我認為均線才是最佳的出場指標。而60日均線（季線）又是炒股票的生命線。如果股價不能維持在60日線之上，卻說要炒股票就太天方夜譚了。因此我會觀察股價是否有跌破60日均線。在進場後的兩個月，股價橫盤整理持續向60日均線靠攏，在5月15日跌破60日均線，但隔天收盤又站上60日均線。很多時候主力炒股衝高股價後，接著就會回測60日均線後，再發動第二次攻擊。順德也是走同樣的模式，向60日均線靠攏之後就發動第二次攻擊，股價在5月30日突破區間高點。雖然突破了區間高點，但卻吸引不了追價買盤。股價在6月25日又再度跌回60日均線。回測均線兩次是弱勢的徵兆，此時我心中已經有出場的準備了。

這期間關鍵券商的交易活動並沒有明顯的異常行為。當原本主要買超的券商不再買進，甚至出現賣超，而原本賣超的券商停止賣超了，都算是異常的情況。

我先觀察原先買超的券商「凱基-復興」（請參考圖11），一樣持續買進，而「元大-忠孝」、「永豐-金萬盛」這兩家券商則是在買完第一波之後就沒有再繼續增加持股。

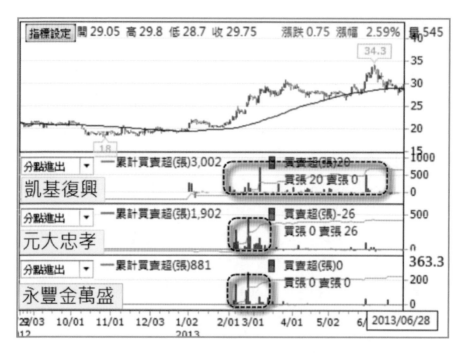

▲ 圖11

　　在這段期間還有另外一家券商加入買超行列，「兆豐－三重」約買超700多張（參考圖12），這表示已經陸續開始引起市場投資人的關注了，這將更有利後續炒作。

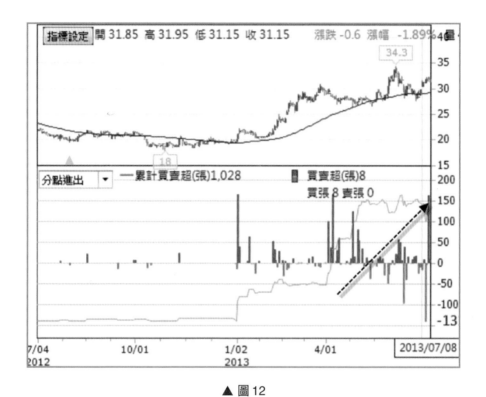

▲ 圖 12

　　而原先賣超的券商「群益金鼎 - 南京」則是一樣的繼續賣超（參考圖 13）。

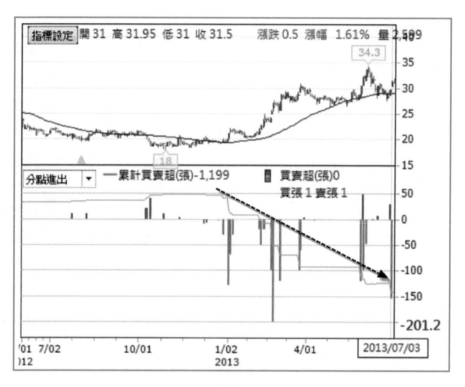

▲ 圖13

　　兩家有地緣關係的券商則是站在賣方。「群益金鼎-彰化」陸續出脫低檔買進的部位（圖14）。

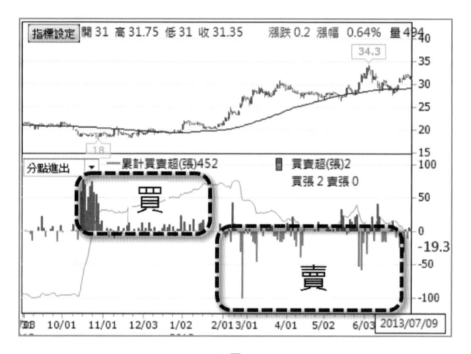

▲ 圖 14

「元大-彰化」也一樣陸續出脫手中的持股（圖15）。

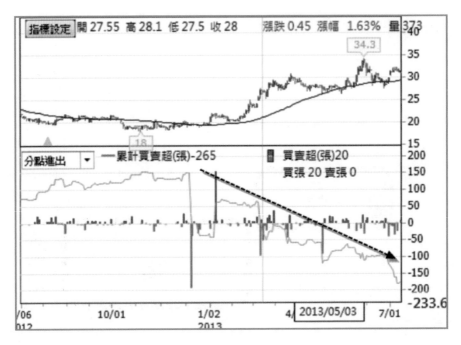

▲ 圖15

　　相信大部分的人都會認為地緣券商都在賣了，難道還不該出場嗎？事實上我一點都不擔心，甚至覺得這是健康的狀況。如果大家仔細看一下進出的張數就會明白，這段期間這兩家地緣券商賣出的股票約兩、三百張，並不算多。地緣券商只是配合市場需求放出籌碼，也可能是配合炒作需求進行左手換右手，因為在同一期間原先我推測的作量券商「瑞士信貸」則是買了約相同的數量。不論真實原因為何，這都表示行情尚未結束（參考圖16）。

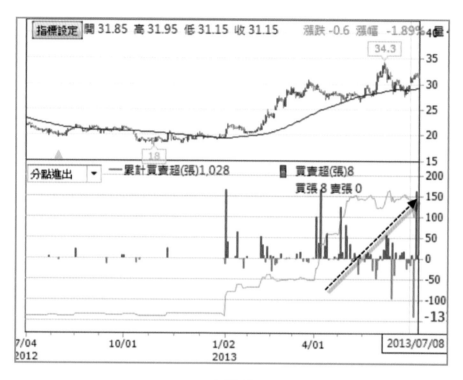

▲ 圖 16

　　在2013年7月1日當時，我從技術面的走勢已經察覺這間公司缺乏炒作題材，很難吸引投資人介入，炒股會很辛苦。但在籌碼面則還沒有看到需要出場的理由。我一直到8月6日看到投信第二波大量進場買進，而且股價過前波高點時，才將手中的持股全部出脫，賣出的價位約在36～38元間（參考圖17）。

我基於下列五點理由，所以結束這一次的操作。

❶ 持股已達4個月。

❷ 股價很接近原本的目標價40元。

❸ 獲利已達30%。

❹ 炒作的力道比原本預期的還弱，這一點是從股價觸到60日均線後的行為所推測的。

❺ 投信高檔大量買超後，股價通常都會進入拉回或整理。

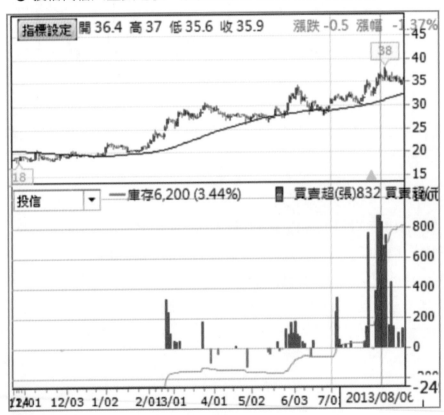

▲ 圖17

案例二：
佳營（6135）2013年9月3日

1、案例來源

會接觸到這一檔股票，是因為朋友推薦，這位朋友算是交遊廣闊、消息靈通的人士，當時他說內部人傳出這個月營收會增加一倍的消息。坦白說，我一點都不在意消息的內容或題材，因為我真的沒有能力確認消息的真偽，但是我相信有人放消息，就代表有人意圖炒作。炒作是股價上漲的原動力，所以我會第一優先選擇有人炒作的股票來分析，消息的真偽不重要，重要的是籌碼是否也呈現出炒作的優勢？

我交易這一檔股票的時間是發生在2013年9月3日，而這一檔股票在2015年8月19日，因為「未依規定申報財報」而被處分「停止買賣」，現在則是已經下市了。後續的案例分享都是當時剛好有保留的截圖，並不是很完整，現在已經沒有機會可以擷取圖片來進行詳細的說明，請多包涵。

2、事前分析

當時是9月3日，距離營收公布還有7天，股價的走勢如下圖18，我觀

察到3個技術面的優勢。

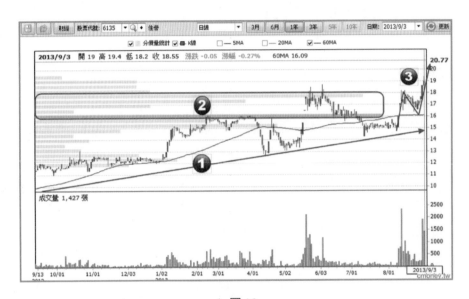

▲ 圖18

第一，股價近一年的趨勢是向上的，股價一底比一底高，這是多
　　　頭的象徵。

第二，目前股價突破大量壓力區16〜18元，而更早之前5、6月
　　　時也曾發動過一次上攻，現在是第二次發動。

第三，這一波上攻，有出現N字的攻擊模式，很多的作手喜歡透

過這樣的走勢來告訴有經驗的投資人「我要快攻了，請上車吧」。股價突破60日均線後，觸到前波壓力區，就拉回測試60日均線，同時也是下檔支撐價16元，確認有撐之後，再度放量突破18元上檔壓力區。

從技術面（趨勢面）來看，都是有利多方的格局，而唯一不利的情況是目前股價在近一年的最高點。追高買進一定會壓縮獲利空間，或是提高交易風險，但是有更多的情況是，有能力創新高的股票才是當時最強勢的股票。強勢的股票代表背後有大成長、大轉機，而且我過去在主力交易室的經驗也告訴我，漲幅還沒超過一倍都不算追高。

所以我又算了一下，這波的最低價是12元，假設漲一倍也就是24元，現在進場的成本價是19元，而下檔的停損設在最大量的16元，利潤風險比為1.6倍，這並不符合我對利潤風險比的期待，因此我將停損價位提高到17元，這樣利潤風險比就達2.5倍。

這一筆交易，我的初步規劃雖然是期望股價可以漲到24元，下檔停損設定在17元，但因為消息題材是月營收會倍數成長，所以我認為股價最多漲到營收公布就會先告一段落，因此只打算最多持有7天。

看完價格趨勢面的因素後，接著再來看籌碼面是否也同樣具備優勢。

大戶持股介於 40 ～ 80% 之間，籌碼算是穩定。但在年初 2、3 月期間，大戶持股突然大幅增加約 15%。這是相當可疑的持股異動，對我來說也是炒股的徵兆之一（圖 19）。

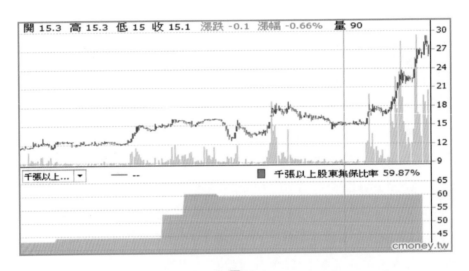

▲ 圖 19

再來看看主力買賣超的情況，這也是相當符合我們認定的籌碼趨向集中的狀態，過去一個月呈現出主力買超，而散戶則是站在賣方的格局。而區間漲幅從 15 元漲到 19 元，漲幅約為 26%，也在我們可以接受的 30% 之內（圖 20）。

▲ 圖20

　　至於籌碼集中度的部分，這邊留存的資料只有60日的集中度，也有達到我們期望的最低要求5%。雖然股價是區間的高檔區，但是週轉率並沒有呈現過熱的現象，週轉率為21%（參考圖21）。

統計天數: 60 ▼		日期: 2013/9/3 ▼	⟳ 更新
統計區間	20130610 ~ 20130903		
區間成交量	16,585 張		
買超前15名合計	3,673 張		
賣超前15名合計	-2,779 張		
籌碼集中	894 張		
佔區間成交比重	5.39 %		
佔股本比重	1.17 %	①	
區間周轉率	21.77 %		

▲ 圖21

　　融資的部分，在我評估的前一日，也就是9月2日出現了暴增的現象，一天就增加了800張融資，約成長了5%左右。當天股價是一根長紅棒，這時我們就要特別留意，融資暴增的貢獻者是誰？如果是傳說中的「隔日沖大戶」，這對我們來說就沒有任何的優勢。我們從買方Top15券商中並沒有明顯看到「隔日沖券商」，只有一家「光和-虎尾」，買超張數98張，僅占融資張數的一成。這表示還有九成的融資可能是有心人貢獻的，融資暴增也是炒股的重要徵兆之一（圖22）。

　　當沖的交易量雖然占成交量不到一成，但過去並沒有當沖客來介入這一檔股票，而這次卻能夠吸引當沖客前來淘金，這表示消息放得還算成功，這也可以視為有人要炒股的訊號（圖22）。

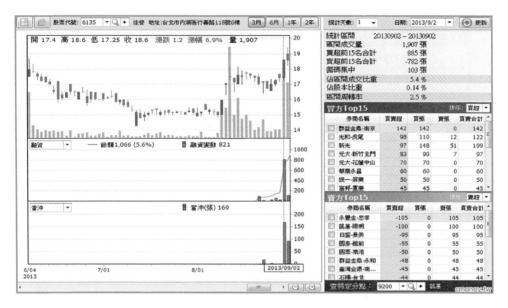

▲ 圖22

　　最後籌碼面還一個有利的訊號，就是過去60日的券商買賣超也透露了異常的狀況，買超第一名的券商「元大-高雄前金」買超的張數是第二名「群益金鼎-南京」的兩倍，同時也是賣超券商第一名「統一-南京」的兩倍多，這表示大部分的股票都被「元大-高雄前金」收購走了，有人大量買進某一檔股票，這也是典型的炒股訊號（圖23）。

買方Top15			排序：	買超 ▼
券商名稱	買賣超	買張	賣張	買賣合計
元大-高雄前金	1171	1342	171	1513
群益金鼎-南京	557		159	875
新光	402	④	491	1384
兆豐-寶成	300	300	0	300
元大-新竹北門	159	278	119	397
富邦-新竹華信	155	190	35	225
兆豐-大安	148	185	37	222
致和-日陞	120	133	13	146
華南永昌-南京	119	293	174	467
宏遠-台中	101	121	20	141

賣方Top15			排序：	賣超 ▼
券商名稱	買賣超	買張	賣張	買賣合計
統一-南京	-396	0	396	396
統一	-368	217	585	802
凱基-陽明	-265	136	401	537
永豐金-三重	-258	7	265	272
致和	-170	63	233	296
元大-內湖	-170	36	206	242
元大-華山	-151	0	151	151
凱基-七賢	-148	12	160	172
永豐金-忠孝	-146	1	147	148
日盛-景美	-135	231	366	597

▲ 圖 23

3、事後追蹤

　　選擇參與交易這一檔股票，最重要的理由是有人放消息，而籌碼面、技術面都沒有不利的情況，我的交易計畫也很簡單，停損17元，持有到9月10日就出場。很幸運的，進場後連續兩天都出現漲停，獲利14%。很多時候持股1個月也都沒有這樣的獲利，所以我就提前結束交易（請參考圖24）。

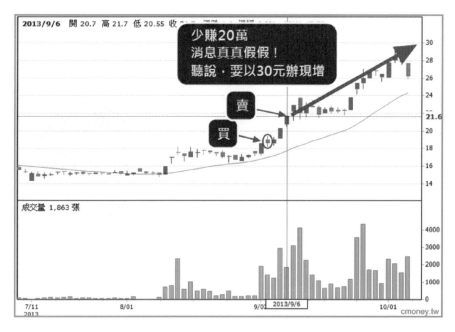

▲ 圖24

　　當我賣完之後股價還是持續上漲，而且漲幅還不小。雖然很可惜少賺很多錢，但因為消息真真假假，所以除非很有把握，否則應該盡可能縮短操作期間，特別是選股來源是「聽來的」。現在回頭看看這檔股票，當時所有的資訊都是捏造的，一切都是為炒股換現金而杜撰的，實在是一家很惡劣的公司。

　　這也讓我更加確信「你知道什麼並不重要，重要的是你做了什麼」。與其去確認消息的真偽，還不如利用手邊有用的資訊去進行驗證，進場前擬定適當的交易計畫，並確實執行，這樣自然就能夠把利潤留在口袋中。

案例三：
聰泰（5474） 2014年12月11日

1、案例來源

　　會交易這一檔股票是透過「營收成長＋買盤集中」這個選股方法所選出來的。這一個案例是發生在2014年12月11日，是在當月營收公告的後一日來進行選股。當天選出來的股票有兩檔，如下圖。

對象：所有股票 ▼ 自	【指定某一天，可以看個股後來的報酬】	日期：2014/12/11 ▼ ◀ ▶ 今天

| 2.營收成長＋買盤集中 | 篩選設定 | 買盤家數集中... | 月 營收成長... | -- ▼ | 🗙 |

股票代號	股票名稱	買盤家數集中比例	買賣家數差	進出分點總家數	買分點家數	賣分點家數
4128	中天	0.48	235	493	181	416
5474	聰泰	0.3	152	499	237	389

▲ 圖25

　　這是過去半年來難得出現的中小型股，觀看了一下股價走勢，我很快就鎖定聰泰（5474）這檔股票來繼續分析。因為聰泰當時的走勢明顯比中天（4128）的走勢更符合多頭的樣貌。中天的走勢還是呈現下跌趨勢（圖26），而聰泰已經轉為橫盤格局，近期均線甚至已經出現上彎的走勢，不僅如此，股價一底比一底高，近日更突破前波高點（圖27）。

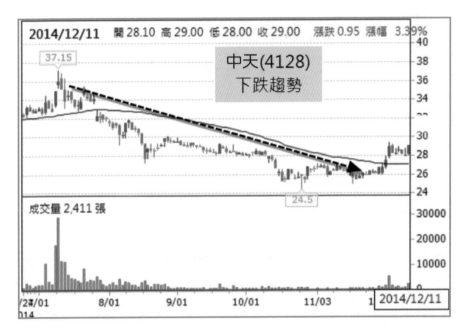

▲ 圖26

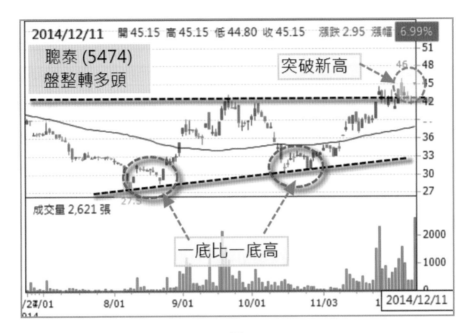

▲ 圖27

2、事前分析

　　我們從選股清單中選擇了聰泰（5474）是因為在技術面具備優勢。接著我們再來看看最大成交量的分布情況，如下圖28。往下有兩個最大成交價位分別是39元與42元，雖然最大量是39元，但這個價位與目前的股價已經有明顯的差幅，所以下檔的停損我會選擇第二大成交量42元。

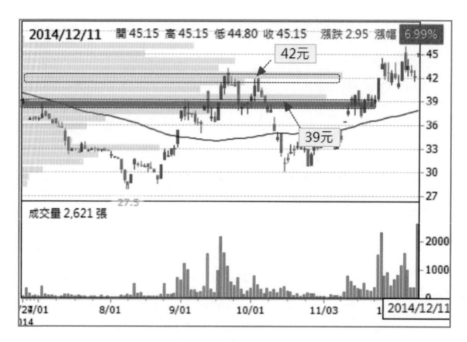

▲ 圖28

　　在過去半年內，我們往上找不到適合的上檔目標價，所以再把觀察區間調成兩年。最大成交量還是維持在42 ～ 45元之間，往上的次一個大量區則是54元附近。我們再來計算一下利潤風險比，上檔預期利潤約9元（54-45），而下檔風險為3元（45-42），利潤風險比為三倍（圖29）。

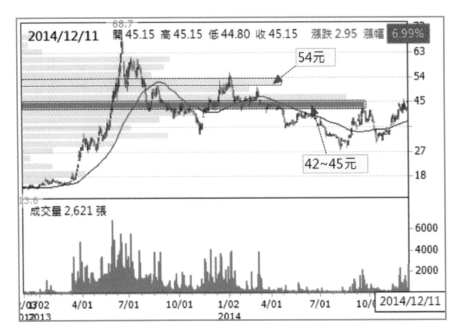

▲ 圖29

　　其他基本面的數據也都沒有任何異常狀況，當時的本益比約為16.7倍，殖利率約為4.57%，累計營收成長率為12.7%。

　　內部人持股比為21%，大戶持股比率為43%，這兩項數據都在合理的範圍內，籌碼還算穩定。其中大戶人數僅有6人，這樣的人真的是少到異常，絕對有利後續行情的操控（參考圖30）。

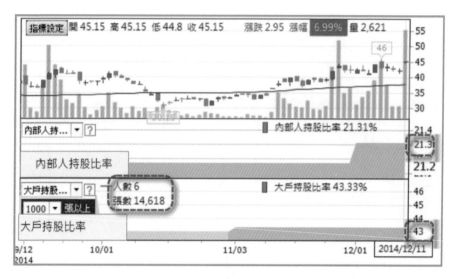

▲ 圖30

　　看完大戶之後，我們再來看看主力動向是如何。主力買賣超與買賣家數差也都符合我們所期待的，主力站在買、散戶站在賣，主力籌碼偏向於多方。不過區間漲幅已經達50%，這與我們理想的不超過30%已經出現明顯的距離，是否值得冒險介入？這必須要再看看其他面向的資訊而定了，如果是保守的投資人也可以選擇捨棄這一次的交易機會（圖31）。

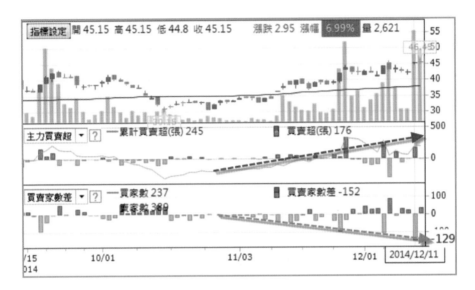

▲ 圖31

　籌碼集中度的部分，20日為0.59%、60日為1.34%、120日為1.21%，不論短中長期集中度都沒有顯示出籌碼集中的優勢，但也不至於呈現分散的狀態。缺乏籌碼集中優勢的支持，我們對行情的推估就要打折扣，或是需要調低預計投入的資金比重，不然就是在其他面向需要找到更多有利的證據支持。

　接著看看區間週轉率，60日的區間週轉率將近100%、120日的區間週轉率為134%，這在我們的定義中算是週轉率過高，股價活動呈現過熱的狀態。但在這一檔股票卻不是這麼回事，因為這一檔股票的股本很小，

才三億多，而交易量卻異常的活絡，因此週轉率一直都維持在 200％～500％ 之間。所以目前的週轉率 100％ 算是相對平穩，一點都稱不上過熱。

接著看傳統的籌碼數據，外資持股比重不到 1％，而投信更是沒有任何持股。唯一值得一提的是融資使用率高達 50％，大部分融資使用率超過五成的股票，多半是因為被特定主力認養後才創造出高融資餘額。聰泰（5474）大概是從 2013 年 3 月之後隨著股價飆漲，融資餘額也快速拉升到 60％ 的水位，之後融資使用率就再也沒有低於 50％ 以下。前一波的炒作加上高融資使用率，這總讓我覺得炒股的主力還在場內等待機會，伺機而動（參考圖 32）。

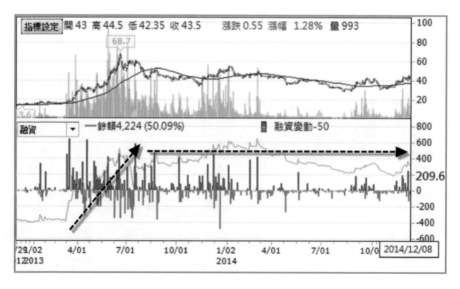

▲ 圖 32

一般來說，如果籌碼集中度看不出有特別集中的現象時，我們要找出有意義的關鍵券商也不容易。這一個案例正是如此，我並沒有在券商分點中找出有意義的關鍵券商。

綜合上述的分析，在技術面、基本面都具備交易的優勢，但在籌碼面的部分則沒有明顯的籌碼優勢存在，如果別人問我可不可以買，我會說沒有籌碼優勢，所以不推薦。但我自己的看法是，雖然籌碼面沒有特別的優勢，但也沒有居於劣勢，再加上我推測主力還在場內，所以我最後還是選擇參與交易，不過交易比重比原先要投入的預算少一半。

3、事後追蹤

這一次的交易，出場只有一條規則，就是進場時所設定的停損、停利點。很幸運的進場後的一個月股價就來到了54元，而且當天股價出現了長上影線。所以我毫不猶豫的就在尾盤賣出全部持股，一個月的時間獲利20%（參考圖33）。

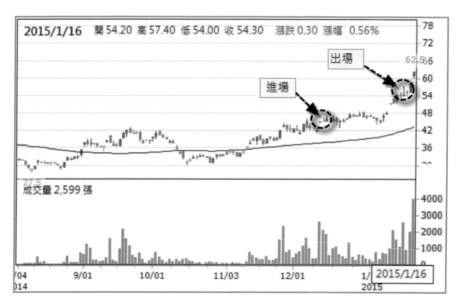

▲ 圖33

　　後來股價持續上漲，不到一年的時間股價又翻了一倍，再次錯失了大行情，但這就是真實的投資情境。籌碼面分析可以幫我提高投資勝算，但永遠都無法幫我們預測未來，推估行情的大小是另一門專業的技術，這不是我擅長的領域。我雖然不會推估行情的大小，但我可以選擇遵守每一次的交易計畫，藉此提高投資勝率來彌補沒有賺到的高報酬。回頭看，都覺得沒賺到，但事實上我真的賺得到嗎？一路的創新高難道不會捨不得賣？就算我不是賣在54元，難道我不會賣在64元、74元、84元、94元、104元？誰說我真的錯失了大行情？不要讓不存在的事實，破壞了我們對未來

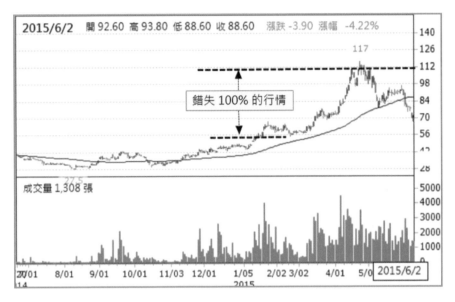

▲圖34

的交易紀律（參考圖34）。

案例四：
光罩（2338）2015年8月17日

1、案例來源

　　這一檔股票是從「左手換右手」這個選股策略中所挑選出來的。在2015年的4月加權指數一度突破萬點之後就一路走跌，到了8月18日時，指數已經跌破8000點，跌幅將近20％，但仍然沒有看到任何止跌的訊號。但根據過去的經驗判斷，大盤跌幅達20％，通常就具備反彈的條件，因此我想利用這個機會找一些投機股來搶反彈行情。由於跌深反彈完全不看基本面，重點在於是否有主力介入，所以我才選擇「左手換右手」這策略，因為這是主力拉抬股票時最常用來作量的手法，當個股有這樣的情形發生時，就代表可能有主力涉入其中。

　　當天選出來的股票共有四檔，如下圖35。

股票代號	股票名稱	買張1	賣張1	買賣張數差	買進券商	賣出券商	成交量	當沖張數	總市值(億)	財務信評
3631	晟楠	500	512	-12	國票-長城	玉山-板橋	1,417	151	26.9	6
2338	光罩	403	404	-1	日盛-新竹	凱基-台北	901	4	17.9	4
1443	立益	567	610	-43	富邦-延平	台灣企銀-民雄	646	0	7	9
1446	宏和	316	315	1	元大-大安	元大-大安	344	0	28	6

5.左手換右手(多)　篩選換定　　欄位：市值<10億　左手換右手作...

▲ 圖35

我們利用第二章有介紹過的一些原則來過濾這四檔股票。首先，我會先排除宏和（1446）這一檔股票，因為「買進券商」與「賣出券商」是同一家。接著，會排除「當沖張數」較多的晟楠（3631），再來是剔除「買賣張數差」較大的立益（1443）。最後剩下來的光罩（2338）其買進券商是「日盛-新竹」，而賣出券商是「凱基-台北」，這兩家券商分別是當天「買張」與「賣張」第一名的券商，交易張數分別是403與404張，這兩家券商的成交張數占當天交易量的45％。而這一天的當沖交易量也只有4張。

這兩家券商的買賣張數差只有一張（404減403），而且當沖量只有個位數，再加上他們的交易比重非常高（45％），所以我推測這兩家券商極有可能就是透過左手換右手的交易模式來創造成交量。創造成交量背後的動機當然很可疑，不排除就是反彈行情的前兆。

2、事前分析

鎖定了光罩（2338）這檔股票後，再來我們要繼續評估看看是否適合買進，因為「左手換右手」的行為只代表主力的手伸入其中，但不代表行情會立刻如我們所願的展開反彈。

由於這一次我認為大盤跌幅達20％之後，可能會出現反彈行情，

　　而反彈行情最重要的條件就是跌幅要夠深，所以第一步就是查看光罩（2338）這段時間的跌幅。當時光罩的跌幅已經超過30％，算是有符合跌深的條件（參考圖36）。

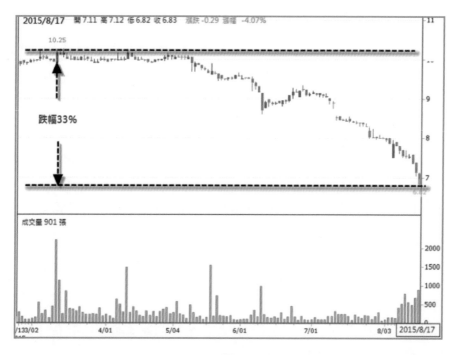

▲ 圖36

　　在這一波下跌的過程中，從6月中旬到7月底，並沒有出現恐慌性的賣壓，直到8月初跌幅達到25％之後，才有比較大的賣壓出籠，這一波賣壓主要是外資開始大量調節持股，而帶動股價進一步往下殺（圖37）。

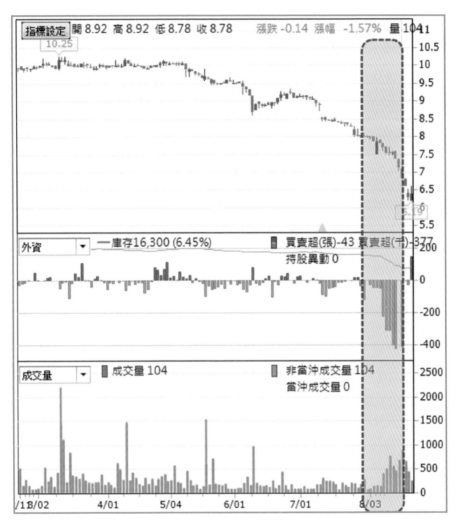

指標設定　開 8.92　高 8.92　低 8.78　收 8.78　　　漲跌 -0.14　漲幅 -1.57%　量 1041

10.25

5.19

外資　▼　──庫存16,300 (6.45%)　　■ 買賣超(張)-43 賣賣超(千)-377
持股異動 0

成交量　▼　■ 成交量 104　　　■ 非當沖成交量 104
當沖成交量 0

/1B/02　　　4/01　　　5/04　　　6/01　　　7/01　　　8/03

▲ 圖 37

外資莫名的殺盤，讓我好奇想知道是誰在殺？所以我調閱這一段期間主要賣超的券商來看，如下圖38。赫然發現，居然沒有半家外資券商，我合理的推測「凱基－台北」就是假外資下單的管道。根據我的經驗，如果這個假外資是公司派，那就沒什麼好擔心的，因為公司派有動作就代表離底部不遠了。假如不是公司派，那就是偽裝成外資身分的金主賣出手中的抵押品，也就是俗稱的斷頭，這也是有利行情出現反彈。

	券商名稱	買賣超	買張	賣張
	凱基-台北	-2347	7	2354
	兆豐-松德	-117	200	317
	元富-台中	-103	4	107
	永豐金-教南	-75	0	75
	大眾-新營	-61	0	61
	日盛-鳳山	-60	6	66
	群益金鼎-新竹	-57	4	61
	元大-東泰	-54	3	57
	永豐金-板橋	-53	0	53
	永豐金-博愛	-50	0	50

▲ 圖38

　　無論外資身分是誰，他們賣出持股似乎都對我們有利。不僅如此，這一波賣壓也啟動了另一波融資斷頭，融資維持率正式跌破130％，股價被迫進入多殺多的狀態。「低檔殺出量」正是股價反轉的前兆之一。

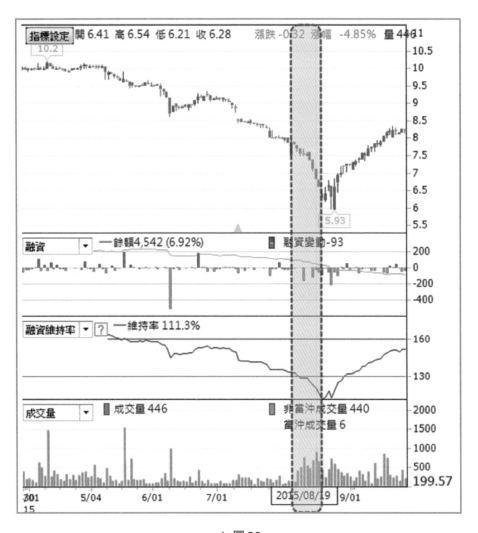

▲ 圖 39

　　從外資、融資、成交量這三個籌碼數據來看，外資大賣、融資斷頭、成交量放大都是在醞釀跌深反彈的行情，這似乎真的離底部不遠了。

　　這一次是在行情處於空頭的情況下，打算進場搶反彈，所以原本的籌碼SOP並不適合這次的操作，不論是主力買賣超、籌碼集中度、內部人持股、大戶持股都派不上用場。簡單來說，行情在暴跌的情況下，我們就不可能看到籌碼集中的現象，也不會看到主力呈現買超的狀況。在空頭的情況下，主力也會做很短，不會先在場內布局後再拉抬，因為主力也都是在場外虎視眈眈的伺機而動，隨時準備進場搶反彈。

　　那這次的操作到底還要看哪些籌碼數據呢？一般要觀察主力的行為，我會看籌碼K線中的「大單券商」，因為其中有一項功能「泡泡圖」可以協助我很快的看出一些端倪，幫助我分辨主力是否身在其中？

　　在下圖中，我們可以很清楚的看到有4個大泡泡，左右對稱，左邊是綠色，代表賣出券商，右邊是紅色，代表買進券商。下面比較大的泡泡就是這一次我們透過篩選所找出來的「左手換右手」，左邊的泡泡是「凱基-台北」，右邊的泡泡是「日盛-新竹」。坦白說，選股策略是透過張數進行比對，但張數一樣並不能代表百分之百就是「左手換右手」。要百分之百確認就必須再比對成交時間與成交價格是否都一致。在這個案例中，我們可以更清楚的看到這兩家券商成交的價格6.93元是彼此一致的，而成交時間則是在12點左右（圖中的2所指的泡泡），所以這是超級完美的「左手換右手」。

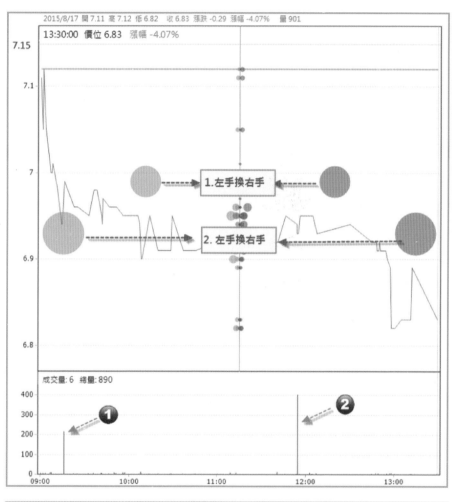

▲ 圖40

　　另外，上面的泡泡（圖中的1所指的泡泡）也是完美的「左手換右手」，這是「元大-旗山」這一家券商獨自完成的交易，一般在同一家券商又買又賣，多半是在進行當沖交易。但如果買價與賣價都是成交在6.99元，這就可能不是當沖交易，最有可能的動機就是作假量。

　　接著，我還會觀察10天期的統計，如下圖41。我想大家應該也可以很輕易的看出來「日盛-新竹」、「凱基-台北」這兩間大玩家，買賣張數相當、買賣價格相當。「日盛-新竹」是地緣券商，「凱基-台北」則是假外資下單管道，怎麼看都不尋常（圖41）。

買家		
券商名稱	買張	價位
日盛-新竹	403	6.93
日盛-新竹	285	7.5
日盛-新竹	250	7.54
元大-旗山	216	6.99
富邦-岡山	208	7.58
兆豐-松德	200	7.31
日盛-新竹	147	7.53
日盛-新竹	105	7.55
日盛-新竹	97	7.51
群益金鼎-開元	80	7.53
富邦-岡山	61	7.54
元大-大統	50	7.55
元大-大統	50	7.57
元大-大統	50	7.61

賣家		
券商名稱	賣張	價位
凱基-台北	404	6.93
凱基-台北	300	7.5
凱基-台北	291	7.53
凱基-台北	291	7.54
元大-旗山	216	6.99
兆豐-松德	200	7.31
富邦-岡山	200	7.58
凱基-台北	171	7.55
凱基-台北	100	7.51
凱基-台北	90	7.81
凱基-台北	73	7.61
大眾-新營	61	7.54
凱基-台北	60	7.66
元富-台中	57	7.55

▲ 圖41

　　我過去的工作經驗中有這麼一段故事，因為公司派動用公司的資金持有自家的股票，所以會包裝成假外資，雖然他們持股的目的不是為了炒股票，而是鞏固經營權，但還是會利用股市行情不好的時候賺取不義之財。

　　首先，假外資採取不計價的方式賣出股票，把股價殺得低低的，好讓特定人可以低價承接。接著假外資將手中的現金匯回國內，給公司派轉投資的多家孫公司，因為這些孫公司的持股比例並未達合併財報公布基礎，所以不須被公開檢視。事實上這些孫公司的業務就是投資股票，因此這些孫公司利用融資的方式拉抬股價，順便買回特定人手中的股票。這樣一來一往，特定人賺走了價差，而公司賠了價差。因為行情不好，公司的投資部位發生虧錢是天經地義的事情，所以沒有人會追究公司虧了價差這一件事情。而且因為不是真心要掏空公司，所以特定人賺走的價差有限，頂多就是幾千萬。這樣的金額是很容易被掩蓋在公司的盈餘之中。坦白說，因為股票從假外資手中搬回到孫公司手中，都還是在自家人手裡，所以只要經營權不鬆動，公司內根本沒人在意這消失的價差。

　　基於上述這段故事，我更加確定就算買錯時點，只要給一點時間一定可以獲利出場。因為有這樣的心態，所以沒特別考慮風險利潤比的問題。接著，我從過去10天的分價量統計中，輕易的看出7.5元為最大量成交價。而這個價位的主要的買家與賣家也是「日盛-新竹」、「凱基-台北」這兩家券商。所以我初步鎖定出場目標價為7.5元。到目前為止，我都還

沒有去思考停損這個問題（參考圖42）。

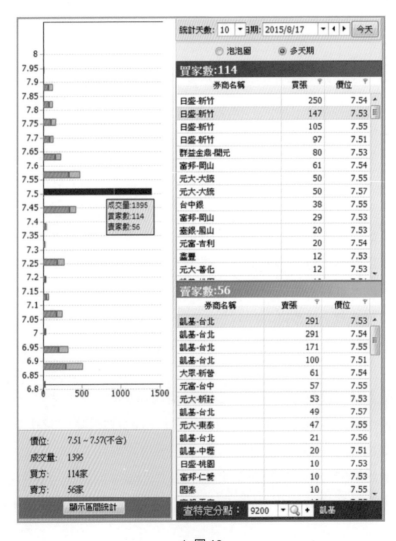

▲ 圖42

3、事後追蹤

經過前面的籌碼分析，看到了主力的影子，所以我決定隔天（8月18日）進場，因為分析的結果顯示當時正處在融資斷頭的階段，所以我選擇在最後一盤才進場，成交在6.6元。進場後，果然還是遇到了融資斷頭賣壓，股價連跌4天，這時我心中才開始盤算停損點要抓在哪？因為這時下檔並沒有「最大量成交價」可以參考，所以只能草率的先訂20％吧，還好期間最大跌幅才10％（圖43）。

▲ 圖43

接下來的幾天股價一路上漲，直到9月8日股價觸到7.5元。而當天股價又收了長下影線，我就將停利點上移到7.35元這個價位（參考圖

44）。很幸運的股價又一路漲，直到9月16日交易量放大到800張，我才在尾盤的時候結束交易，成交在8.06元，獲利超過20％。

這一次的操作算是有驚無險，也很幸運的在行情很接近谷底的時候才進場，所以很順利的參與反彈行情，當然在進場前找到主力的影子，才是有信心進場的關鍵。

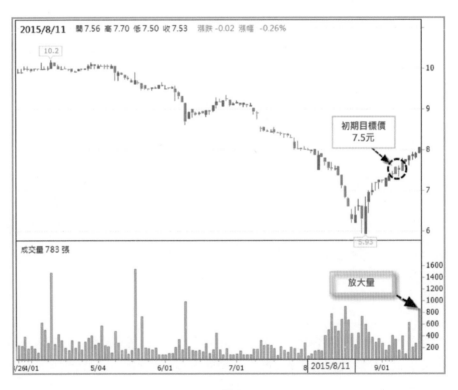

▲ 圖44

案例五：
光明（4420）2015年9月9日

1、案例來源

這個案例是在2015年9月9日從「融資帶量突破成本線」這個選股方法中所選出來的。當天這個策略共選出四檔股票，如下圖45。

股票代號	股票名稱	近20天融資使用率暴增	資使用率	近20日融資增減張數	總市值(億)	財務信評
8086	宏捷科	17.3	71.23	6,094	114.8	6
3511	矽瑪	17.02	43.44	1,658	16	6
5309	系統電	12.25	12.25	5,893	29.7	8
4420	光明	9.93	12.25	731	11	4

▲ 圖45

我先根據融資使用率排序，由上而下開始挑選，融資使用率越高就越可能有主力介入。排第一的宏捷科（8086）融資使用率雖然高達71％，但其市值已高達百億。不僅如此，從K線圖也可以很輕易的看出該股從2014年開始至今漲幅最高曾達400％，很明顯是已經被炒過的股票，所以完全不考慮（圖46）。

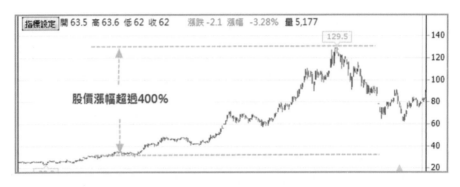

▲ 圖46、宏捷科（8086）

　　再來第二檔矽碼（3511），一樣從K線圖中可看出股價漲幅也已經超過100％，所以一樣排除（圖47）。

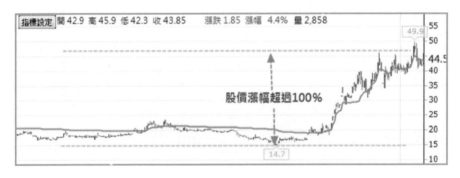

▲ 圖47、矽碼（3511）

　　接著，第三檔系統電（5309）股價雖然沒有超高的漲幅，但這檔股票是在8月20日之後才開放融資券交易，一般剛開放融資交易的股票通常都

會出現融資激增的現象。這個時候我們很難評估這是一般投資人、還是有意圖的主力所創造出來的融資餘額。此時的「融資成本線」也一定會與股價糾結在一起，這都讓我無法猜測是否有主力介入，所以也只好排除。

2、事前分析

最後剩下光明（4420）這一檔股票，一般情況下股價與融資成本線糾結在一起，就不是我們理想的操作對象。但仔細看這一檔股票過去的融資行為，我察覺到3個奇怪的地方，總覺得是主力介入的痕跡，請參考下圖（參考下頁圖48）。

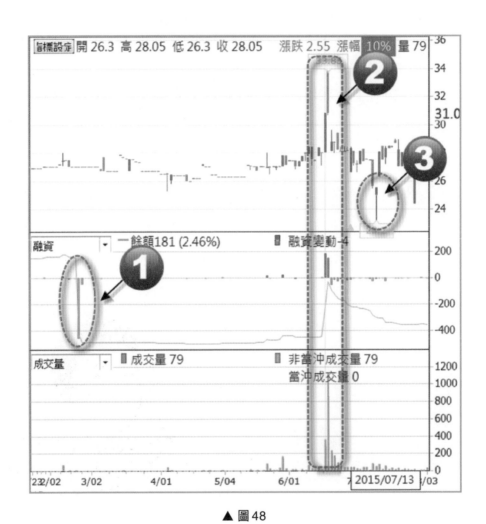

▲ 圖48

第一點是，在2月13日融資大幅減少461張，可是仔細看一看當天的

交易量0張，這表示融資減少不是融資賣出而減少，而是透過現金償還而減少。這肯定不是所有散戶串通好一起償還，因此100%是特定一個人的行為。雖然我不知道這個行為的目的為何，但我很清楚知道有一個特殊的交易者持有這一檔股票。現金償還可不是把股票賣出，而是藉由融資償還取得百分之百的股票所有權。

第二點，在6月16、17日，成交量突然暴增，這檔股票平日的成交量接近0，但在這兩天的交易暴增約1500張。這是怎麼回事？這有三種可能，有一種是被隔日沖主力鎖定，單純炒作兩日行情。另一個是主力在進貨，沒有成交量的股票，主力是進不了貨的。所以只好藉由拉抬股價，這兩天最高震幅接近20％，利用超高額的報酬率吸引賣盤出籠，藉此吸收所需的籌碼。

我從這兩天的買超券商與賣超券商進行比對後，研判後者的機會比較大。因為如果是隔日沖券商所為，那6月16日的買超券商，應該會出現在6月17日的賣超券商中。但事實上只有一家「康和-台北」符合這個假設。因此推斷是主力為了進貨而特意拉高價格吸引賣盤出籠的可能性比較高（請參考圖49）。

6月16日，主要買超券商		6月16日，主要賣超券商	
買方15	？關鍵券	賣方15	？關鍵券
券商名稱	買賣超	券商名稱	買賣超
元富-新興	40	富邦-桃園	-340
康和-台北	36	高橋	-140
凱基-延平	25	福邦	-47
石橋-台北	20	康和-台北	-36
凱基-竹科	18	元大經紀	-30
群益金鼎-高雄	17	永豐金-大稻埕	-29

▲ 圖49

第三點，在7月9日當天成交量只有50張，而股價來到區間最低點
23.2元，如果這是一檔沒人關心的股票，當天就不會出現超長的下影線，
約7%。因此我一樣也是推斷有特定人在照顧。

綜合前面三點現象，我推測主力介入的可能性很高。但上述的特徵終
究只是猜測，為求保險還是要繼續查驗其他籌碼面的狀況，看看是否同樣
具備籌碼優勢。

首先，內部人的持股比率的部分，達59.65%，這算是相當高的持股
比率，這背後代表流通在外的股份只有40%。如下圖50，大家應該也都
注意到了內部人持股在過去兩個月都出現連續性的下降，但請大家看仔
細，這是因為圖形採用浮動座標的關係，所以才會看起來好像是內部人賣

了很多股票，但實際內部人僅減少173漲持股，這比重連1％都不到。

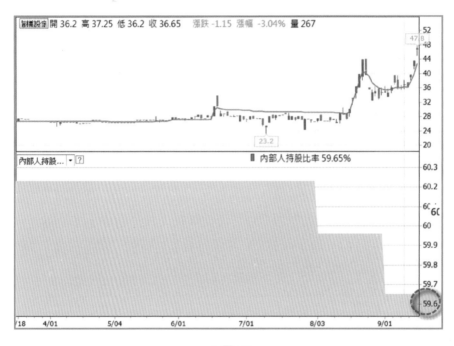

▲ 圖50

　　再來看看大戶持股，持股比率達67.81％，而持股人數只有6人。和內
部人進行比對後，我推測所謂的大戶中，有三分之二的人就是內部人，這
絕對有利後續的操作（圖51）。

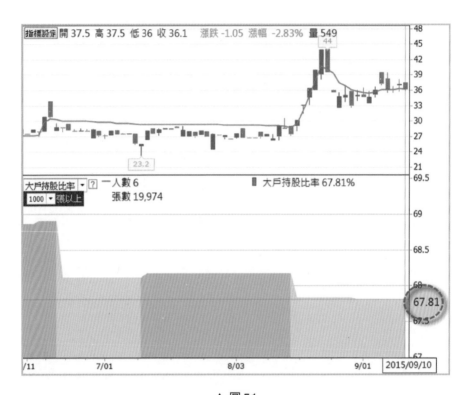

▲ 圖51

　　當我看到主力買賣超時，我已經完全相信這一定有特定主力在操作。從主力買賣超與股價之間呈現不合邏輯的反向走勢來看，主力一路賣，股價卻是一路漲，這正是前一章有特別強調的特殊現象，這是典型的主力介入的證據（圖52）。我算了一下，目前股價的漲幅約35％，這對於一檔有主力介入的股票來說還算是在相當安全的範圍內。我自己的容忍範圍是

漲幅不可以超過一倍的股票，如果超過一倍，就算有主力介入，我也不會
介入。

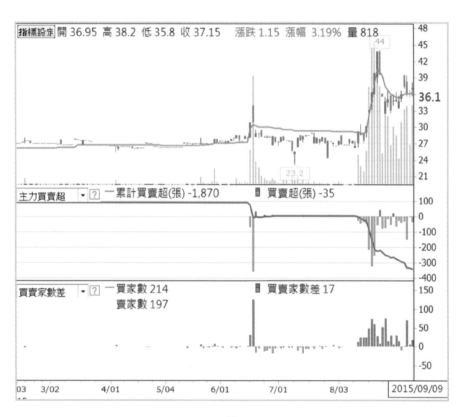

▲ 圖52

不論主力的痕跡，還是籌碼優勢，或是操作手法都顯示這檔股票有主

力正在炒作。接下來就是要規劃如何交易這一檔股票。首先當然要參考最重要的「分價量統計」，拉出過去三個月最大量成交價，剛好就在目前的價位36.5元。

在這之前（8月底、9月初）有段橫盤整理，取這一段時間的最低價33元作為停損價。在橫盤整理之前，則有一個近期最高價44元，先暫訂為此次操作的目標價。推算一下，利潤風險比為2.14〔（44-36.5）/（36.5-33）〕這是可以參與的交易（圖53）。

▲ 圖53

　　另外，這一檔股票也發現有假外資的痕跡，只是交易量太小了，最大一筆交易也才60張，所以不能列為主力介入的證據之一。

3、事後追蹤

　　在進行完上述的分析之後，隔日（9月10日）開盤就立即進場，成交在37.5元。這又是一檔幸運的列車，一進場後股價就立刻發動。當我們在進場前有執行審慎的分析，就不應該猶豫，最好立刻採取行動。很多時候，好的投資機會就是在猶豫中跑走了。我經常會跟投資朋友說「你知道什麼並不重要，你做了什麼才是重點」，當你越積極採取行動時，好運也就會越跟著你跑。

　　在進場後的4天（9月15日），股價符合預期的來到了44元這個價位，當天最高成交在47.8元，最後收盤收在47元，因為沒有任何出場的訊號，所以就持股續抱。隔天（9月16日）股價開低走高又拉回，出現大幅震盪，請參考下圖54。

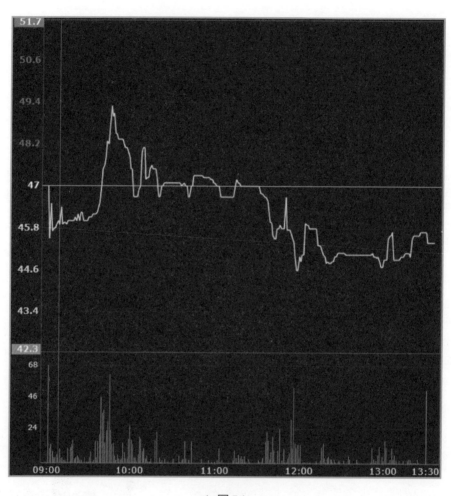

▲ 圖54

因為今天盤中出現了長達8％的上影線，這對我來說可是重要的出場

警訊。因為一般股價在創新高時，又出現長上影線，就代表股價即將拉回進入整理階段，所以選擇在尾盤賣出持股，成交45.4元

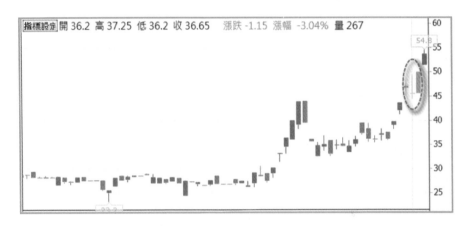

指標設定 開 36.2 高 37.25 低 36.2 收 36.65　漲跌 -1.15 漲幅 -3.04% 量 267

▲ 圖55

這次短短5天的交易，卻可以達到21％的獲利，21％＝（45.4-37.5）/37.5，算是相當不錯的一筆交易，但基於風險考量，所以早早就出場。但事後再繼續追蹤這一檔股票，竟然一口氣漲到70元，我又再度錯失倍數的報酬。不過這一切都是假象，千萬別被倍數的報酬給騙了，除非一開始的分析就已經評估出有機會漲幅會超過一倍，不然實在很難有毅力抱到最後。如果沒有經過分析，只是傻傻的抱牢的人，也不會知道要賣在70元，在4個月後，這一檔股票又跌回了起漲點。總之只要按照事前的交易計畫執行，該賺到的錢是不會少的。

　　看到這邊，不知道大家還記不記得這一檔股票是從「融資帶量突破成本線」這個選股策略所選出來的。照理說，我們應該會以「融資」和「成本線」這兩項元素作為交易分析與判斷的基礎，但大家看完我上面的分析之後，應該會發現到，除了一開始主力在融資行為上的小動作引起我分析的興趣外，接著後續的分析與操作的成敗就都與「融資帶量突破成本線」這個選股策略無關。

　　這就是真實的情況，雖然每個選股策略背後都有一定的邏輯與意義，但是股價漲跌背後的真實原因，往往是由很多種因素堆疊出來的，這個選股特徵所占的比重未必是最大的，所以建議大家不要過度執著於特定的選股策略。

結語
進場前的叮嚀

　　絕大部分的投資人對於「投資」與「交易」這兩個行為並沒有太大的區分。雖然大部分的人都說自己在做「投資」，比較少人說自己在做「交易」。但對大家來說，「買賣股票」就是「投資」，也是「交易」。可是這兩個行為真的一樣嗎？

　　對我來說，這兩個行為不只是詞彙上的不同，在意義上也很不同。什麼是「交易」？什麼是「投資」？有人說「交易」就是短線的買賣行為，而「投資」則是長線的買賣行為。從事後的角度來看，確實有這樣的傾向。但是「交易行為」與「投資行為」的差異絕對不是「時間」長短的問題，而是行為背後的思維邏輯完全不同。「交易思維」偏向從「統計」的觀點來決定買賣，而「投資思維」則是從「價值」的觀點來決定買賣。

　　「投資思維者」的決策依據是透過審慎評估公司的營運價值後，再與目前的股價進行比較，當股價低於公司營運價值時，就採取買進策略；當股價高於公司營運價值時，就採取賣出策略。簡單來說，投資者最關心的是公司未來的營運成果。

　　而「交易思維者」並不會拘泥於公司的營運價值，會從歷史資料或當前的資訊中找出可能推動股價變動的因子，並設法評估或猜測發生的機率與可能的結果。簡單來說，交易者會透過「機率」與「賠率」的概念來評估這筆交易的「期望值」。當期望值大於零時，就採取買進策略；當期望值小於零時，就採取賣出策略。

　　「賠率」的概念就像是第三章中所提到的「利潤風險比」，也就是事先推測可以賺多少？以及願意賠多少？而「機率」則是從歷史事件中找出雷同的情境來評估發生的可能性，當雷同的證據越充分，發生的可能性就越高。

　　舉例來說，我們從歷史資料中統計出「有主力介入」的股票，有50％的機會可以賺到100％的報酬。

　　此時對「交易思維者」來說，買賣「主力介入」概念股的報酬期望值計算如下：

50% × 100% ＋ 50% × -100% ＝ 0%

勝率 × 獲利 ＋ 敗率 × 虧損＝獲利期望值

　　這個範例假設虧損的時候是全部賠光，所以為-100％。但事實上，除非這是一檔地雷股，否則應該不會虧光光。因此在最嚴格的情況下，期望值都還可以是0％。這表示在正常情況下，這類型交易的期望值一定大於

零，所以也就是值得進行的交易機會。

　　投資者的觀點，著重商品本身所創造出來的價值，買賣判斷的準則是公司的「價值」與「價格」。交易者的觀點，並不考慮商品本身的價值，而會關注每一個可能推動股價的因子，買賣判斷的準則是統計的「期望值」。這是我對「投資」與「交易」這兩個行為的看法。

　　在金融公司的部門分類中也可以看得出兩者是有差異的。舉例來說，金融公司內會有「投資部門」，也會有「交易部門」。有些公司的「交易部門」則是設立在「投資部門」底下，稱為「交易室」。在「交易室」內的人員，就是大家常說的「交易員」。如果這兩個行為的意義是相同的，金融公司就不會分別成立兩個不同部門，而我們也會稱「交易員」為「投資員」。

　　為什麼要討論「投資思維」與「交易思維」這個議題呢？因為本書所寫的內容完全是從「交易思維」的觀點來陳述，幾乎完全不考慮「投資價值」。所以必須特別說明，也必須讓閱讀本書的讀者清楚明白這兩者的差異。不僅如此，我認為每一位投資人都必須清楚知道自己是要「交易」還是要「投資」？因為這兩個行為的操作技巧與重點可說是完全不同。過去我就是在心態上沒有認清自己是要「交易」還是要「投資」，所以投資很沒有章法，操作決策很容易看情況而定，而投報率更是暴漲暴跌。但現在我很清楚自己是在從事「交易」，所以整個投資計畫就會以此為前提來進

行規劃。

　　以「交易」為前提的投資計畫只有一個重點，就是要「多」。這是什麼意思呢？就是要多方法、多標的、多交易。「多」這一個原則有兩大好處，第一可以提高「統計數據」的可靠性；第二可以分散我們評估錯誤的風險。

　　在統計學上所謂的「機率」，或是投資領域中的「勝率」，這都是多次交易後的統計結果。如果只能夠交易一次，那麼就沒有所謂的「機率」可言，因為結果不是「賺」、就是「賠」，所以機率各是50%。舉例來說，假設有一個神奇的選股方法勝率可達99%，但是你只可以交易一次，這時候你的勝率並不是99%，因為你還是有可能面臨發生虧損的1%。所以事實上你的勝率只有50%。可是如果你可以交易100次，那結果就不同了。獲利次數就算不能真的達到99次，至少也有機會達到90次以上。如果可以交易1000次，那勝率就很可能真的可以達到99%。簡單來說，執行次數越多，就越有機會接近統計所推測的結果。

　　我們可以透過增加交易次數來降低統計的誤差。但是如果從頭到尾都評估錯誤，例如有主力介入的股票只有30％的機會帶給我們50％的報酬，但我們因為取樣不夠多，結果誤將結果推斷為有50％的機會可以賺到100％的報酬。這樣的錯誤一定會發生，因為無論如何我們都無法百分之百正確的評估所謂「機率」與「賠率」。因此我們必須要設法降低猜錯

時所帶來的風險。最簡單的規避方法就是市場中大家常說的「不要把雞蛋放在同一個籃子裡」。

　　就以第二章介紹的選股方法來說，首先我們將選股的風險分散成10種策略，而這些策略中也做了很多面向的分散，例如有作多的策略、有作空的策略、有採用散戶的策略、也有採用大戶的策略、有考量月營收的策略、也有考量成交量的策略⋯⋯等。這樣可確保我們在不同時機有不同的策略可以採用，而且單一策略失效時，整個投資計畫也還是可以持續進行。

　　除了採用多策略之外，對於選出來的股票，我們分別從4個不同的面向來進行籌碼數據分析，這同樣也是透過分散的手法來降低評估錯誤時所帶來的風險。分散投資策略、分散分析方法，這樣的交易計畫只有完成50％，另外50％則必須執行部位管理。所謂的「部位管理」其實很簡單，還是同樣的原則，就是要「多」。根據一些學術的研究報告指出，當我們可以將投資標的分散在十五至二十檔股票時，我們就可以完全忽視個股所帶來的風險。

　　其實也不用學術研究，只要會簡單的算術就可以理解這一點。當我將100萬的資金分散到二十檔股票，如果很不幸的買到一檔地雷股，這對整個投資組合所帶來的傷害就是5％。如果分散越多檔股票，所要承擔的個股風險就越低。總之，分散投資是確保我們能夠長期在股市運作的根基。

我目前只將資金分拆成 10 筆來進行交易，我沒有選擇 15 筆或 20 筆，是因為分拆太多，每一筆可以動用的金額就會變得更少，能夠買的張數也同步變少。當持有的張數越少，操作的彈性就越小。因為我現在都是透過分批停利、停損的手法來協助我徹底執行事前規劃好的交易計畫。我跟一般投資人都一樣會「貪」、「懼」，常常在關鍵時刻，該停損的時候下不了手，不該停利的時候卻早早出手。但是當我手中有多一點籌碼時，我就可以一張、一張的執行。這樣的做法可以有效的降低我執行時對於「貪」與「懼」的感受。如果你跟我一樣有相同的困擾，我也會建議採用這個方法，你會更容易透過分批的手法來徹底執行交易計畫。

操盤手都在用的籌碼 K 線 教你選對飆股年賺 50%
/ 施孝承著 . -- 初版 . -- 臺北市：今周刊 , 2016.10
　　面；　公分 . -- （投資贏家系列；IN10019）
ISBN 978-986-92252-8-1 （平裝）

1. 股票投資　2. 投資技術　3. 投資分析

563.53　　　　　　　　　　　　105012984

投資贏家系列 IN10019

操盤手都在用的籌碼 K 線 教你選對飆股年賺 50%

作　　　者：施孝承 （Simon）
行銷企劃：胡弘一
主　　　編：陳雅如
內文排版：健呈電腦排版股份有限公司
封面設計：巫麗雪
校　　　對：王翠英

出 版 者：今周刊出版社股份有限公司
發 行 人：謝金河
社　　　長：梁永煌
總　　　監：陳智煜

地　　　址：台北市南京東路一段 96 號 8 樓
電　　　話：886-2-2581-6196
傳　　　真：886-2-2531-6433
讀者專線：886-2-2581-6196 轉 1
劃撥帳號：19865054
戶　　　名：今周刊出版社股份有限公司
網　　　址：http://www.businesstoday.com.tw

總 經 銷：大和書報股份有限公司
電　　　話：886-2-8990-2588
製版印刷：緯峰印刷股份有限公司
初版一刷：2016 年 10 月
初版十刷：2016 年 10 月
定　　　價：340 元